吉川廣二
kikkawa koji

バンドマン修業で学んだプロ教師への道

学芸みらい社

まえがき

私が教師を目指したのは、一冊の本がきっかけだった。

昭和四十七年より福岡県内の公立大学で四年間学び、福岡市のある会社に就職も内定していた。それなのに、その年の秋に上京し、バンドマン（今なら、ミュージシャン）の修業を開始したのだ。

年も明け、バンドマンを続けるかどうかで迷っていた時に、偶然立ち寄った書店で、この本を読んだ。


「しいのみ学園」（曻地《しょうち》三郎著、福村書店）

どうして書店に立ち寄ったのかも、どうして教育書を手にしたのかも、覚えていない。ただ、この本を立ち読みして、どうしようもなく涙が溢れ、

「こんな子どもたちの教師にならなら、なってみたい！」

と決心した。

その後、大学に戻りゼミの教授に、

「教師になりたいので、もう一年大学に残って、単位と教員免許をとります」

とお願いした。次の年も同じ会社に内定した（この年は高校商業科を複数受験したが、すべて落ちた）が、教授に断りを入れ、就職浪人を覚悟して一旦卒業することにした。卒業したときは、バイトのし過ぎで体調を崩し、実家に戻って休んでいた。

秋になってから、広島市内にいる従姉を頼って居候し、バイト（とアパート）を見つけた。新幹線口から徒歩五分ほどの珈琲専門店で、バイトと珈琲の修業を兼ねた。その傍ら、通信教育の勉強（単位を取るため）と試験を受けた。この時のバイトでも、多くのことを学ぶことができた。マスターがとても厳しかった。何でも、大手自動車会社の中国地区のトップセールスマンを辞めて喫茶店を開いた人で、経営哲学が面白かった。

その店で半年間世話になり、私は教育実習のため母校の出雲市立今市小学校に一ヶ月お世話になった。その後、図工と音楽のスクーリングで京都市内に二週間いてまた実家に戻り、父親が見つけてくれたＤＩＹの店に就職した。幹部候補生としての入社だったが、入社当時は一人の新入社員に過ぎず、私より若い店長や高校出たての主任（直属の上司）に厳しく叱られ、また鍛えられた。

珈琲専門店も、ＤＩＹの店も、自分にとって魅力ある職業だった。

それでも、いくつかのきっかけで教師を選んだ。教師になったとき、「二つの職業をやめて選んだのだ。島根県で一番目立ってやる」そういう意気込みで、スタートした。

話は戻るが、私は、福岡県北九州市で、大学生時代のほとんどをキャバレーのバンドマン（ミュージシャン）の修業に費やした。大学で講義を受ける時間より、圧倒的に多かった。

キャバレーと言っても、今の若い方にはピンとこないだろう。せいぜい、「キャバクラ」という名前を連想する程度だと思う。

私の青春は、「キャバレーのバンドマン」であった。

そこで学んだことは、私の一生の宝物だ。そして、そこで出会った人たち、出会った音楽、出会った楽しくも厳しかった思い出……。

これらのすべて（DIY、珈琲専門店も含めて）が、その後に始まった教師生活に、すべて役に立った。高校に四年（工業高専に二年、普通高校に二年）通ったことも、中学一年の時に不登校になりかけたことも、高専で物理の試験で零点を取ったことも……。

経験したこと、失敗したことの全てを、教師生活に生かすことができた。

教師以前の話は、三十五年以上も前のことである。記憶が曖昧な部分もある。嘘は書いていないつもりだが、結果的に記憶違い等で間違ったこともあるかもしれない。また、ご本人に迷惑がかからないよう、登場人物の氏名はすべて仮名にしてある。教師になってからの記録は、教職員、児童が特定されることもあるため、学年を入れ替えたり、時期をずらしたりしている。お許し願いたい。

本書が、これから教職を目指す若者、管理職を目指す現職教師、子どもを持つ保護者、また教師以外の皆様にも役立つことを願っている。

なお、若い教師の方向けに章立てをした。教師以外の方は第3章から、ベテラン教師で向山《むこうやま》洋一氏やTOSSをご存知の方は第4章から読み始めていただきたい。

以下に本書に関連する私の経歴を記す。

昭和四十年（一九六五）四月～四十三年三月　島根県出雲市立第一中吹奏楽部に在籍

昭和四十七年（一九七二）四月　北九州大学入学。一回生の終わり頃からキャバレーのバンドで

修業

昭和五十年（一九七五）秋～五十一年春　東京でバンドの修業
昭和五十二年（一九七七）三月　北九州大学卒業
昭和五十二年秋～五十三年四月　広島市内の珈琲専門店でアルバイト
昭和五十三年（一九七八）九月～五十四年三月　出雲市内のＤＩＹ店勤務
昭和五十四年（一九七九）四月　島根県仁多《にた》郡亀嵩《かめだけ》小学校　勤務

目次

第1章

新卒初日の経験が
サークル活動のきっかけ

2013年1月、師匠と慕う向山洋一先生（右端）を囲む弟子たち
（中央は筆者）

私は、バンドマン、珈琲専門店・ＤＩＹの店員を経て、教師になった。

しかも、三年間受験して、やっと合格した。一年目は高校商業科で受験、二年目は中学社会科で受験、三年目に（一年間かけて、通信教育で免許を取得し）やっと島根県の小学校教員に採用された。

その時、「いくつかの道を捨てて選んだ仕事だから、島根県で一番目立つ教師になる」と、何の根拠もないのに、気合いが入っていた。

ところが、現実はそうはいかなかった。

新卒初日から、試練は待っていた。

何しろ、教室に入ってから何をしてよいのか、全く分からなかった。その時のことは、今でも鮮明に覚えている。先が見えない不安。

しかし、この時の経験が、サークル活動を始めるきっかけとなり、「教育技術の法則化運動」（現在のＴＯＳＳ）に入るきっかけとなった。

1◆教育実習で誓ったこと

教育実習は、高校・中学の免許を取るために母校の出雲第一中学校で二週間、小学校の免許を取るために母校の出雲市立今市小学校で四週間受け入れていただいた。

大学三年生の時に行った中学校では、従妹が在籍していた特別支援学級（当時は、特殊学級だった）に一日一時間行ったことが心に残っている。また、吹奏楽部のＯＢだったので、放課後はそこにも顔を出していた。それくらいだ。後は、ろくに勉強もせずに、夜はジャズバンドの練習に参加していた。まだ、本気ではなかったのだ。その一年後に東京へバンドの修業に行っていることで、そのいい加減さ（？）が分かる。

大学を卒業してから行った小学校では、（本気で教師を目指していたので）担当の先生からも多くのことを学ぼうとしていた。授業も多く持たせてもらったし、六年生の子どもたちとも、毎日放課後まで一緒に勉強した。複数の特別支援学級にも毎日一時間ずつ行かせてもらった。

校長先生は私の同級生の父親だったこともあり、ことのほか可愛がっていただいた。そして、実習が終わったとき、教育哲学者であるルソー著『エミール』の文庫本三部作を頂戴した。今でも、宝物である。

子どもたちは、本気で向かってくれた。途中でちょっとした事件もあり、担当の先生からその経緯や解決方法も教えていただいた。

なぜか、飲み会にも招いてくださり、その翌日は（担当の先生が二日酔いになったので）一日中授業を担当させてもらった。

この子どもたちと出会ったことで、本気で教師になりたい！　と思った。別れの日に、手紙やいろいろな手作りの記念品もくれた。私は、

必ず教師になる！

と、心に誓った。

そして、合格の連絡を受けてから、ＤＩＹの店員を辞して教師になった。

2◆教師のオリエンテーションはいつするの？

学校では、それまでの仕事のようなオリエンテーションは、特になかった。こちらから聞かない限り、何も教え

てもらえなかった。聞かない方が悪いのだが、少なくとも一日目のことくらいは教えてもらえる、と考えていた。

しかし、全く教えてもらえなかった。

他の先生方の後について職員室から体育館に移動し、着任式で挨拶をし、教師の席の一番後ろに並んだ。

そして、始業式。この時子どもの様子を観ているので、自分の学級に何人いるのか予想はできたはずである。しかし、自分が担任する教室に入るまで、自分が何をするのか全く考えておらず、何も分からなかった。

今では、島根県でも新卒教師には、手厚い研修がある。一年間は指導教官もいて、手取り足取り教えてもらえる。

しかし、その当時は、そういう制度はなく、手探りで進めるしかなかった。

そこから学んだこと。

分からないことは、自分から聞け。

今考えると、当たり前のことである。しかし、私は、珈琲専門店やＤＩＹの店でオリエンテーションがあったため、当然教えてもらえるものと錯覚していた。

できれば、三月末に何かのセミナーで事前に学ぶことを勧める。今年から、従来のＴＯＳＳデーを改め、新卒教師を対象とした「ＴＯＳＳ教え方セミナー」が、三月から五月にかけて全国で開催される。

３◆始業式の後で

始業式が終わり、職員室に戻る。少しの間休憩していると、チャイムが鳴った。他の担任は、それぞれ職員室を出て、教室に向かう。しかし、私は何をしてよいのか分からないので、まだ椅子に腰掛けていたままだった。いつまでもそうしているわけにはいかないので、席を立つ。

職員室を出る。

しかし、まだ何をするのか、分からないままだ。

階段の下まで来た。少し考える。

踊り場まで行く。そこで少し止まって考える。何も浮かばない。（早く教室に行かなくちゃ！）

やっと、二階まで上がる。それでも、分からない。他の教室では、担任の声が響き何かをしている。活動が始まっているのだ。

廊下を歩いて、自分が担任する三つ目の教室の前まで行く。ここでも考える。しかし、何も浮かばない。

教室の前で少しの間立ち止まったが、思考は停止のまま。

教室にいる子どもたちの声が聞こえてくる。

第一声を決めておく。

こうなったら仕方がない。観念して、教室に入ることを決意した。

ええい、自己紹介でもしちゃえ！

ということで、気合いを入れて（？）、教室に入った。

ザワザワしていた子どもたちが、一瞬静かになった。

私は自分の氏名を黒板に書き、「私の名前は～」と話した。

そして、子どもたちに、「順番に自己紹介をしてください」とお願いした。

子どもたちは、出席順に自己紹介をした。

笑いながら、緊張して、ふざけて、まじめに……。

様々な自己紹介をしてくれた。

4◆許せない、子どもの好意（？）

その中で、一人だけ顔を真っ赤にしてうつむいている女子がいた。

子どもたちは、口々に何かを言っていた。

その内容は、「この女子は話せないから、自己紹介は無理だ」ということだった。

私は、許せなかった。自分も赤面症に近かったので、その女子の気持ちが分かるのだ。


許せないことは、断固として許さない。


私は、「静かにしなさい」と大声で言い、その女子の近くに行き、名前を聞いた。小さな声で自己紹介をしてくれた。その女子が、とてもいとおしく感じた。

頭のよさそうな、活発そうな男子が、いかにも自分は偉いのだ、という様子で仕切っていた。

しかし、何となく違和感を感じた原因は、数名の賑やかな男子ではなく、その時は静かに様子を見守っていた一人の女子だった。

5◆四十名じゃないの？

始業式の時に見ていたから分かるはずなのに、教室に入って面食らった。

教室一杯にいるはずの子どもが、十六名しかいないのである。

自分が小学校の時（転校したので、二つの小学校を経験した）も、中学校も、高専も、高校も、大学も、教室に一杯生徒や学生がいた。

それが教室だと勝手に思いこんでいたので、十六名の教室が広く感じた。

そうか、必ずしも、四十名（それ以上の）学級ではないのか。

当たり前のことなのに、その時は新鮮だった。

6◆可愛い十六名

この十六名は、とても可愛かった。男女八名ずつ。

本当に可愛い子どもたちだった。

ただし、それは一日目だけだった。


可愛いのは、一日だけだった子どもたち。


二日目からは、子どもたちが思うように動いてくれなかった。

と言うよりも、勝手に動いている感じだった。

男子も、女子もそうだった。

特に男子の中の三名は、とても活発な子どもだった。授業中に歩き回ることはなかったが、とにかくにぎやかで、元気いっぱいだった。

7◆これが修業の出発点

初日は、自己紹介と、子どもたちからのこれまでの情報収集で終わった。子どもたちは、いろいろなことを訴えてきた。

朝礼・終礼の仕方、当番や係のこと……。

私は、自分の過去の経験を振り返りながら、同じ事、そうでないことを頭の中に入れた。

その後、入学式の準備があった。高学年の子どもたちと一緒に、訳が分からないままに動いていただろう。

二日目は、入学式。

先輩の先生方の言われるように動いた。

三日目からは、本格的な授業が始まる。

自分が子どもの頃に受けたことを思い出しながら、また赤刷りの指導書を参考にしながら、自分でも面白くない授業を進めていた。


勉強しないと、自分が受けた授業しかイメージがわかない。

ただし前日には、一時間ごとの展開を大学ノート一頁に書いていた。赤刷りの指導書を参考に。

8◆教師生活の出立

話は前後するが、私の教師生活を支えて下さった下宿のおばさんのことを記す。

赴任先が分かってから、両親と一度下見に行った。

学校を見るだけのつもりだったため、ヒゲもきちんと剃っていなかった。今思うと、恥ずかしい限りだったが、下見だけの予定だったので、そんな格好だった。

山道を通り抜けて、中心部の町に出るとお菓子屋さんがあったので、（もしかしてお邪魔するかも）という思いで菓子箱を買った。

そして、目指す学校に着いたとき、せっかくなので寄ってみた。

出てこられた五十歳代の男性の校務技師さんが出てきて、菓子箱を渡すと、「新しく来られた先生ですね。宿はどうしますか？」と聞かれた。

迷わず、「お願いします」と言ったので、「それじゃあ、私の方で探しておきます」と言って下さった。

その後電話があり、教頭先生が下宿している小さな商店にお願いしたとのことだった。教頭先生は、私が中学生の時の理科の先生で、顔は知っていた。

小さなお店の二階の一室が、私の出立の居場所となった。

隣の部屋が教頭先生で、ふすま一枚隔てていた。

寝るまでは、私の部屋を通って自分の部屋に行かれた。寝てからは、廊下を通られる。

また、月曜日には、「一緒にテレビを観ませんか？」と水戸黄門を勧められた。

私は晩酌をしなかったが、教頭先生は毎晩二合ずつ飲まれる。時には勧められたが、晩酌をする習慣がなかったことと、未熟ながらも教材研究がしたかったので、お断りした。

この下宿では、結婚するまでの一年と三ヶ月お世話になった。この下宿のおばちゃんには、大変にお世話になった。結婚して下宿を出る時、涙ながらに「もし、何かあって行くところがなかったら、いつでも帰っておいで」と言って下さった。

毎年、八月には中元、十二月には歳暮を持って寄っていたが、数年前に足を悪くされ、出雲市内の娘さんの家に行かれた、という風の便りがあった。

三年前、たまたま仲間と一緒に行った京料理の店が、このおばちゃんと同じ名字だった。元は酒店だったことが分かり、「ひょっとして、亀嵩《かめだけ》におばちゃんがいませんでしたか？」とお店の人に聞いた。「どうしてですか？」と聞かれたので、「実は、三十年前に下宿させてもらったのです。おばちゃんの名前は、○○さんでした」と言うと、「そうでしたか。それは私の母です。呼んできます」と言われた。しばらくすると、奥からあのおばちゃんが出てこられた。何年かぶりの対面だった。本当に懐かしかった。そして、嬉しかった。

それ以来、このお店をお客様との懇親会で使っている。

第2章

一年目の失敗集

初めて担任した学級

一年目は、失敗の連続だった。とにかく、自分が子どもの頃に受けた授業の体験をそのまま実行していた。唯一の頼りは、赤刷りの指導書。それと、母親のような年齢の女性教師が言われることを参考にした。

毎日が、辛かった。

思っていたものと違っていたからだ。自分の知識を切り売りしている気がしていた。

自分に自信がない。自分で授業がつまらないことが分かっている。どうしてよいか分からない。

また、先輩たちの仕事が、「これでプロなの？」と思えるような、ふにゃけたものに見えていた。毎日、不満を抱えながら学校に通っていた。

そんな私を救ってくれたのは、一歳年上の男性事務主任だった。彼の存在だけが頼りだった。彼が話を聞いてくれたから、一年間何とか、続けることができた。

もう一人。後で分かったことだが、当時の校長先生が、私を守ってくれていたようだ。私には厳しかったが、「若い頃の自分を見ているようだった」と言っておられたと、後で保護者に教えてもらった。

1◆オシッコは休憩中に行くべきものと……

大失敗だった。

私が子どもの頃は、授業中にトイレに行くことは、まずなかった。授業中に、「トイレに行っていいですか」などと、恐ろしくて言えなかった。

初めて担任した学級では、何だか気楽に授業中でもトイレに行ける雰囲気があった。

そこで、「授業中はトイレに行くのはやめよう」と、少し厳しく言った。

すると、おとなしい女子が、授業中にお漏らしをしてしまった。すぐに、バケツと雑巾を持ってきて、処理をした。近くにいた子どもが手伝ってくれた。

この時から、授業中でもトイレに行ってもよいことにした。

この女子には、本当に申し訳ないことをしてしまった。今でも、後悔している。

そこで、「どうしても行きたいときは、我慢しないでください。できれば、休憩中に行って下さい」と念を押したことを、覚えている。

トイレに行きやすいルールを決める。

今では、「トイレに行っていいですか」と聞かないように指導している。授業中に「トイレに行ってもいいですか」と聞けば、「ダメです」と言うしかないからだ。

こう言うと、子どもたちは、不安そうな顔をする。

そこで、

「そういう時は、『トイレに行きます』と言いなさい。そうすれば、『どうぞ』とか『いいですよ』と言いますから」

そう説明すると、子どもたちは、安心して笑顔になる。

最後に勤めた学校でも、担任した子どもたちにそう言った。子どもたちは、始めのうちは、授業中に行くこともあるが、月日が経つにつれて、減っていく。三学期には、ほとんどなくなった。三つの学級とも、そうだった。

2◆「母さんの味噌は……」と発言する男子の心の中

滅多に発言をしない男子がいた。

ある時、天井に届きそうなほどの、立派な挙手をした。

珍しいと思いながら当てると、

「お母さんの味噌は、はな〇〇〇」

というテレビコマーシャルの一節を言った。

これには、叱るにも叱れないし、かと言ってほめるわけにもいかず、大変困った。

今なら、上手にいなすだろうが、その頃は、困った顔をするしかなかった。

この男子は、学力的には低かったが、生活力があり、明るい子だった。ただ、姉弟と比べられることが多く、家庭では存在感が薄かったようだ。

ある日、弁当を食べながら話していたら、「おばあちゃんは嫌いだ」と言った。

理由は、姉ばかりをほめるからだった。

私は、家庭訪問でそのことを話した。もっと、この男子のよいところをほめてください。そうお願いした。

姉と弟も担任したが、私は、この男子が一番可愛かった。

3◆シュワッチ!!

四月のこと。

私がちょっと油断すると、男子たちはいろいろなことをした。

その中で特に思い出に残っているのは、男子たちがウルトラマンの真似をして、

「シュワッチ‼」

と、跳び上がる（？）ことだ。

冗談だということは分かるが、授業中にすることではない。

明らかに、私を試していたのだ。

私は、ただ、「今は授業中だから、やってはだめだ」と、直球で勝負するしかなかった。

今なら、一緒になって「シュワッチ‼」とやるだろうが、そんな余裕はなかった。

若いので、厳しく叱ることもできず、中途半端な指導しかできなかった。

4◆連れション

一方の女子は、連れションで私を困らせた。

一人の女子が、「先生、トイレに行っていいですか」と言う。

私は、お漏らしのことがあったので、「いいですよ」と許す。

すると……。

私が板書をしている間に、八名全員がトイレに行ってしまう。

後で、女子の中のボスが先導していることが分かったが、この時はまだ知らなかった。

この時も、笑ってごまかすしかなかった。

明らかに、私を試しているのだ。

それが、当時は分からなかった。

経験もなかったし、相談に乗ってもらうこともなかった。

ただただ、自分の不勉強を恥じるしかなかった。

5◆前任者の驚き！

四月中は、こういう私にとって信じられないことが続き、毎日が負け戦のような気分だった。

明日は辞表を出そう、と毎日下宿に帰る度に考えていた。

それでも、連休までは何とかもった。

私の経験不足や、指導力不足のために、子どもたちが言うことを聞かないことは、自分でも分かっていたからだ。

何とか合格し採用されはしたものの、教育学部出身ではなく（経営学部）、教育書はあまり読んだこともない。

どう考えても、島根県一の劣等生だった。

そう、（自慢することでもないが）納得していた。

ところが、連休中に、前任者と話をして、そうではないことが分かった。

この学級は、今で言う、学級崩壊をしていたのだ。

担任の言うことは聞かない。先生のスカートをめくる。たたく、髪をひっぱる……何でもありの状態だったと言う。校長や教頭が教室にいても、保護者が来ても、一向に収まらなかったそうだ。

今でも覚えているのは、その前任者が
「それはすごいです」

というような驚きの言葉を発したことである。

私は、始め（やっぱりな。私ではだめなんだ）と思っていた。

ところが、子どもたちが席に着いていること自体、その先生には驚きだ、と言うのだ。

私にとって信じられなくて、許せないことでも、二年生の時と比べれば、かなり向上している、と言う。

それを聞いて、私は辞職することを、考えなくなった。少しでも私が役に立っているのなら、続けていこうと決心した。

まずは、ひと安心である。

6◆頭では分かるけどここがねえ

暴れていた男子の中に、A君がいた。この男子とお昼の弁当（当時、この町では給食がなかった）を食べているとき、こんなことを言った。

> 頭では分かっているけど、ここがねえ。

と、胸を軽くたたいて言うのだった。

三年生の男子である。

頭はよい方だったが、こんなことを言うとは思わなかった。

家庭の事情で、二年生の時に暴れていたようだ。

三年生の途中で、変化した家庭環境に慣れたのか、少し落ち着いたときがあった。私は、ちょっと安心していたが、少しすると、また荒れ始めた。

何と、せっかく彼が新しい生活に慣れたところで、家庭が元の状態に戻ったのだという。もちろんそれが本来の、そして望ましい家庭のあり方だろう。しかしA君が再び荒れ始めたのは、自分の生活に何度も変化をもたらした、家族への反発と思えた。

学校で荒れるのは、仕方がない。まだ若かった私だが、そう腹をくくった。

「この子が悪いわけではないのだ」

私には、痛いほど分かった。

A君は、かなりの好男子で、中学・高校ともてたらしい。そして、彼の妹の結婚式で三十年ぶりに会ったときには、立派な大人になっていた。家族もできて、たくましくなっていた。

彼の言葉は、今でも心に大きく残っている。

7◆証拠みーつけた

この学級のボスは、やんちゃ君たちではなかった。

外から見ると(内側から見ても)、決して目立たない一人の女子だった。教師も、親もそれが分かっているのに、校長も教頭も手が出せなかったようだ。

何しろ、教師の前ではまったく素直で、かわいい女子であった。

職員会議や家庭訪問等で、この女子のことは聞いていた。「陰のボス」であることは分かっているが、証拠はない。また、私も、自分の目で確かめていないのに、責めることはできなかった。

数ヶ月が過ぎたある日のことだった。

音楽の授業の前に、体育館で子どもたちが遊んでいた。私は、子どもたちの様子を見るためか、一緒に遊ぶために、体育館に行った。

そこで、ボスが、弱い立場の女子に、教科書や楽器を持つように命令していた。

始めは、(何をしているのだろう?)という程度の思いだったが、すぐにその大事さが分かった。

教師のいない所で、本性を出していたのだ。

私は、この時だと直感で分かった。

「Bさん、今何していた?」と聞く。

ボスは、咄嗟のことで、一瞬ひるんだ。そして、表情が変わった。

「Bさん、今、自分の教科書と楽器をCさんに持たせたでしょう」

今考えると、この女子も何とかごまかすこともできただろう。しかし、何しろ咄嗟の出来事だったので、ごまかすことができなかったのだ。

そのときの私は、感情を抑えて話したつもりだ。それでも、今のようなわけにはいかず、厳しい顔をしていたかもしれない。この女子は、泣いた。しゃくり上げて泣いた。

かわいそうになるくらいだ。しかし、ほかの女子は、最低、二年間我慢し続けたのである。幼稚園からだとすると、四年間である。


理不尽な上下関係は、双方共に不幸である。


この後、当然と思える結果を迎える。

つまり、他の女子軍団からの仕返しが来たのである。この女子は、一人ぼっちになってしまったのである。このことについては、別の保護者とのドラマがあるが、省略する。

季節が変わった頃には、以前のようなきつい顔をしたBさんではなく、穏やかな表情になった。もちろん、他の女子も、ボスとしてではなく、同じ友達として、みんなが仲良く遊ぶようになった。

そして、四年生になったときも私が持ち上がったので、おかしなわだかまりもなく高学年に上がっていった。

他の教師や保護者の話を信じなくて、よかった。

その女子は、一時期つらい思いをしただろうが、それを通して、多くのことを学んだはずだ。そして、ボスでいるより、みんなと同じように仲良く遊ぶことが楽しいことも分かったはずだ。

私は、警察のようなことをしたので、本当はつらかった。本性を暴いたから、得意になるわけではなかったし、そんなことは嫌だった。

この時の経験も、それ以後の教師生活に大いに役に立った。

また、若い教師には、次の本を薦める。


「いじめの構造を破壊せよ」（向山洋一著、明治図書）

いじめをなくすことは、教師にしかできない仕事である。教師がどのようにすれば、いじめの構造を破壊できるか、明確に示してある。

8◆指導書の展開例は私にも面白くない！

一年目の授業は、自分でも全く面白くなかった。

なぜか。

その一、自分が受けてきた授業のスタイルを真似ていた。しかも、その「受けてきた授業」が私は嫌いだったのだ。だから、子どもたちが好きになるはずがない！

その二、教科書会社の指導書（赤刷りの本）にある授業展開を、前夜下宿でノート一頁にまとめる。それを、六時間分作成する。書きながら（写しながら）、「こんな展開が面白いはずがない！」そう思いながら続けていた。

誰が作ったか知らないが、もっとましな指導書がないか？　などと考えていた。

特に、国語はつまらなかった。

算数は、自分でまず解いてから授業に臨むので、これだけは面白かった。

社会科は、三年生の場合教科書は参考程度であり、地域の勉強を子どもたちと一緒にするので、これも面白かった。

理科は、教頭先生に持っていただいていた。私が中学生の時、中学校の理科の先生だった。

体育は、何をしても子どもたちが喜ぶので、楽しかった。私も、まだ若かった。

道徳は、困った。私が子どもの頃からしてきたことを、否定するような内容が多かったからである。教材にある物語も、私はつまらなかった。また、そこに見え隠れする教材を執筆した者の意図が見え見えで、これも面白くなかった。当然、子どもたちも、私の思いを感じ取っていた。とにかく、私はわざとらしい教材が嫌だった。

図工は、専科の先生が受け持っていた。絵画コンクールに出したがる先生だったので、子どもたちは「コンクールは、もう嫌だ」と私に訴えてきた。

学級活動は、話し合いはあまりしなかった。子どもたちと遊ぶことが多かった。

朝礼や終礼は、他の学級と合わせていた。


教科毎に授業の「型」を持つこと。

国語、社会、算数、理科……。それぞれの教科には特徴がある。教科毎に、自分の「型」を持つと、授業が安定する。授業を受ける子どもも、先が読めて安心する。

9◆この本も、この本も同じ一冊ですよね？

教室に忘れ物表を貼ることは、絶対に許せなかった。

それは、私の子ども時代の嫌な経験があったからだ。特に、集金の忘れ物には、苦い思い出がある。

家にお金がないことを知っているので、担任には「忘れました」と言う。すると、担任は頭をコツンとたたき、「明日は持って来いよ」と言う。そして、黒板に名前が書かれる。

翌日も、その翌日も。それは、屈辱であった。「家にお金がないのです」と言えば、許してくれたかも知れない。しかし、貧乏人には貧乏人なりのプライド（意地？）があった。

おそらく、教員の給料日と、父の給料日が違っていたのだろう。今予想すれば、他の仕事も十五日が給料日と勘違いして、十六日頃を集金日にしたのではないだろうか？

ところが、私の父は、月末が給料日だったため、なかなか持って行くことができなかったのである。四年担任だけがそうだったと記憶している。

そんな私だったが、「本をどれだけ読んだか」が分かる表を貼った。おそらく、当時の教育雑誌で読んだものを真似たのだろう。

少しして、一人の男子が「この本も、この本も一冊ですよね？」と言うのである。

始めは、何のことか分からなかった。
少し考えて、その意味が分かった。
薄い絵本も、厚い文学全集のような本も、同じ一冊か、と聞くのである。
私は、その子を責める気はなかったのだが、その場で表を破り捨てた。

無意味な頑張りシールは不要である。

それ以来、頑張り表の類は、貼っていない。

10◆合奏と遊びだけが武器だった

一年目の私の武器は、二つしかなかった。

合奏指導
子どもと遊ぶ

合奏指導は、中学時代から吹奏楽部で楽器を演奏していたからだ。また、小学校時代も、歌が苦手で（教師からマイナスの評価を受けていたことが原因で）楽器の演奏を得意としていた。
他の指導には自信がなかったが、合奏指導だけは自信があった。それも、中学時代のスパルタ方式なので、子どもたちは怖かったことだろう。それでも、子どもたちは休みもせずに、ついてきてくれた。

もう一つの武器「子どもと遊ぶ」は、若い教師なら誰にでもあるものだ。しかも、教師でなくても持っているものだ。特段に自慢できることではない。それでも、子どもたちはこれがあるから、ついてきてくれたのだろう。


実は、もう一つ持っていた。ただ、これはあまり奨励できるものではない。

それは、「社会勉強で学んだこと」を子どもたちに話すことである。

当時は、本気で次のように考えていた。

「どうせ、子どもたちにとってつまらない授業をするより、私の社会勉強で学んだことを話した方が役に立つ」というものだった。

子どもたちは、私のつまらない授業の時と違って、真剣に聞いてくれた。

その頃は、自慢げに周囲に話していたかもしれない。それしかないことへの情けなさを胸に秘めて。

11◆ゴールデンウィーク中に町議と大げんか

五月の三連休中に、校区内で商工会のお祭りがあった。下宿のおばさんの代理で参加した。花見を兼ねての楽しい懇親会のはずが……。

何と、町議と大げんかする羽目に！

ことの始まりは、教員の異動に関することだった。

「私の言うことを聞かないと、他の学校に飛ばすぞ！」

というひと言で、私は切れたのだ。

うすうすは、私の前任者のことを聞いていたので、そういう体質があることは知っていた。

しかし、公衆の面前でこのように言われたのでは、売り言葉に買い言葉。黙ってはいられない。そこで、よせばいいのに、次のように言った。（酔っていたので、言葉は正確ではない。もっと失礼な言い方だったかもしれない）

「飛ばせるものなら、飛ばしてみろ。お前から給料もらっている訳でもないし、怖いことなどない。飛ばされた学校で言いふらしてやる。○○はとんでもないところだから、絶対に異動していくな、とね」

周りにいた誰もが驚いていた。私を抱えて止める人もいた。何しろ、相手は地元の有力議員である。たかが新卒の教員が、ここまで言い返すとは夢にも思っていなかっただろう。

少し時間がたって、話題が他のことに移り、和やかな雰囲気に戻った。私はまだ興奮状態だったが、大人げないので、周りに話を合わせた。

その後、この町議とは何度も顔を合わせることになるが、なぜか気に入ってもらった。保護者の前で、何度かほめてもらったのだ。

「とんでもない奴が来たな」という思いと、「ここまで言う教員がいるとは、大した奴だ」という思いが同居したのだろう。これは、私の想像に過ぎないが。

12◆周りにいる全員と喧嘩

当時の教師にとって怖い（？）町議とでもがそうだから、当然のように、周りにいる全員と喧嘩をした。

私の強みはただ一つ。

「貴方から、給料をもらっているわけではない」という、おかしな自信であった。

ＰＴＡ会長、同副会長、同女性副会長、校長、教頭、ベテラン教師陣、うるさい保護者陣、他校の（理不尽なことを言う）教員、校務技士さん（下宿等でお世話になっていたが、何かと学級の子どものことで口うるさく言うので。本当は仲が好かった飲み友達）……。

私には一人だけ、味方がいた。（本当は、校長がずっと私を助けてくれていた。今でも、感謝している）私より一つ年上の事務主任である。この方がいなければ、私は一年目の途中で辞めている。たった一人だったが、味方がいたために、私はこの仕事を続けることができたのだ。本当に、感謝している。

私が喧嘩する度に、慰めてくれた。この行為があったから、気持ちを収めて、翌日も学校に行くことができたのだ。

今なら、半年で首になっていたか、問題教師として、研修に行かされただろう。ただ、学級崩壊していた（と、思われる）学級が、何とか持っていたので、それを皆さんが評価してくれたのだろう。どんなに生意気な教師でも。

13◆子どもに冗談はタブー

いくら若くても、やはり私は大人なのだ。子どもたちに、言ってよい冗談とそうでない冗談があることは知っていた。それでも、私は冗談のつもりで言ったことが、子どもたちには冗談と受け取れないことがあった。

今思い出しても、申し訳ないと思う。

その一、歯磨きチューブ

私が歯を磨いていたら、やんちゃ坊主のK君が、「先生、チューブがなくなったね」と言ってくれた。

すかさず、私の冗談が出た。「K君が買ってきてくれる?」と。

翌日、何と、本当に買ってきてくれたのだ。私は申し訳なくて、代金と共に、母親に断りの手紙を出した。

その二、松茸ご飯弁当

当時の仁多町は、給食がなくて、弁当だった。ある日、一人の女子が、「松茸ご飯弁当」を食べていたので、「先生も欲しいな」と、また冗談を言った。

すると……。

翌日、私のために弁当を持ってきてくれた。私は冗談のつもりなので、当然自分の弁当も持ってきている。今なら、ありがたくいただいて、それなりのお礼をしただろうが、何しろ冗談のつもりが冗談でなくなったので、慌てたし、その弁当を持って帰ってもらった。そして、改めて家までお詫びに行った。

子どもには大人向けの冗談は慎む。

その後、冗談を言うときは、必ず「冗談だよ」と付け足すことにしている。

子どもは、本当にありがたい。そして、本当に申し訳ないと思う。

第3章

教師修業の原点

第一回向山洋一教え方教室・大阪会場（1996年2月10～11日）
前列中央が向山洋一氏。2日間に亘る衝撃的で歴史的なセミナーだった。
筆者は3列目右から3人目。

本書は、本来教師向けに書いてきた。しかし、内容が内容だけに、教師以外の方にも読んでもらいたい。そこで、本書をより理解していただくために、読者の皆様に知っておいてほしいことを三つ紹介する。

一つは、私の師匠であり、教育界のカリスマと世間で呼ばれている「向山《むこうやま》洋一氏」について。

もう一つは、三十年近く前に日本教育界に大きなセンセーションを巻き起こした「教育技術の法則化運動」と、それに続く「TOSS（Teachers Organization of Skill Sharing）」について。

さらに、私が教師を目指すきっかけになった「しいのみ学園」と、その著者「昇地《しょうち》三郎」氏について。

1◆向山洋一氏

一九四三年生まれ。一九六八年東京学芸大学社会科卒業、東京都大田区立大森第四小学校赴任。二〇〇〇年大田区立多摩川小学校退職。NHK「クイズ面白ゼミナール」教科書問題作成委員、千葉大学非常勤講師などを歴任。TOSS代表。上海師範大学客員教授、日本教育技術学会会長、月刊『教室ツーウェイ』『向山型算数教え方教室』隔月『向山型国語教え方教室』編集長。月刊『教育トークライン』、隔月刊『ジュニア・ボランティア教育』編集人。日本一のインターネット教育情報ポータルサイト『TOSSランド』主宰。また、「学級崩壊」「モンスターペアレント」「新型学級崩壊」という教育用語の発案者。

単著七七冊、共著一一一冊、全集九一冊、著作集七六冊、監修等四九五冊、雑誌論文一〇三八本、その他論文等を含めると三二〇〇冊（本）以上にのぼる（『向山洋一教育要諦集《新書版》』（東京教育技術研究所）「新書版　発刊にあたって」より）。主な著書は次の通りである。

『教師修業十年』（明治図書）
『跳び箱は誰でも跳ばせられる』（明治図書）

『授業の腕をあげる法則』（明治図書）
『子供を動かす法則と応用』（明治図書）
『教育技術入門』（明治図書）
『いじめの構造を破壊せよ』（明治図書）
『向山式「勉強のコツ」がよくわかる本』（ＰＨＰ研究所）
『向山式家庭学習法　家庭で子どもはこれだけ伸びる』全二巻（主婦の友社）
『学校の失敗』（扶桑社）
『人を育てるプロの技術』（講談社）
『授業の着想』（日本書籍）

ミュージシャンのすごさはライブでないと分からないように、向山氏の著書を読んでも、ＤＶＤを視ても、そのすごさは分からない。ぜひセミナー等でライブを体感していただきたい。

主なセミナーは、八月上旬の「ＴＯＳＳサマーセミナー」と、一月初旬の「ＴＯＳＳ熱海合宿」がある。その他にも、向山氏が講師を務めるＴＯＳＳセミナーが、全国各地で開催されている。詳しくは、後述する「ＴＯＳＳランド」をご覧頂きたい。

２◆教育技術の法則化運動　～ＴＯＳＳ（Teachers Organization of Skill Sharing）

「教育技術の法則化運動」を創設した向山洋一氏は、『ドキュメント「教育技術法則化運動」の誕生』（明治図書、一九八九年十一月刊）の中で次のように述べている。

法則化運動は、子どもにとって価値ある教師になりたいと思う教師の願いであり、教師の人生に一生涯を定めた一人一人の人間のロマンの表現である。

教育技術の法則化運動は誕生して五年で、日本一の教育研究団体に成長した。今や海外十ヶ国を含め全都道府県に六〇〇サークルを数える。

教師なら誰もが「子どもにとって価値ある教育をしたい」と思っている（いた）はずである。純粋に教育を何とかしたいと願った全国津々浦々の（どんなへき地であろうと）若き教師の思いを、教育技術の法則化運動は叶えた。そして、炸裂するように全国に広がっていった。当時の二十代の教師を中心に、北海道から九州沖縄まで（海外にも）法則化サークルを誕生させていった。日々の実践を「法則化論文」という形にし、教育の共有財産化を目指した。そして、「教育技術の法則化シリーズ」全一二七巻、「日本教育技術方法大系」として日本中から集まった教育技術を集大成した。

運動の中で向山氏は、「指示・発問」「追試」「上達論」「立ち会い授業」等のキーワードを教育界に浸透させていった。

教育界の一部からは、「法則化」という名前のイメージから、一つの型を押しつけるというような誤解を受けるが、以下の法則化運動の目的及び理念を読むと、それが的はずれであることが分かる。

一、この運動は、二十世紀教育技術・方法の集大成を目的とする。
「集める」「検討する」「追試する」「修正する」「広める」（以上まとめて法則化と呼ぶ）ための諸活動を行う。
二、運動の基本理念は次の四つである。

①　教育技術はさまざまである。できるだけ多くの方法を取り上げる。（多様性の原理）
②　完成された教育技術は存在しない。常に検討・修正の対象とされる。（連続性の原理）
③　主張は教材・発問・指示・留意点・結果を明示した記録を根拠とする。（実証性の原理）
④　多くの技術から，自分の学級に適した方法を選択するのは教師自身である。（主体性の原理）

『学校の失敗』（扶桑社）23～24頁〈法則化運動の会則〉より

また、向山氏が述べた「授業の原則十ヵ条」は、教師以外の職業にも通用する重要な原則である。

第一条　趣意説明の原則（指示の意味を説明せよ）
第二条　一時一事の原則（一時に一事を指示せよ）
第三条　簡明の原則（指示・発問は短く限定して述べよ）
第四条　全員の原則（指示は全員にせよ）
第五条　所時物の原則（子どもを活動させるためには，場所と時間と物を与えよ）
第六条　細分化の原則（指導内容を細分化せよ）
第七条　空白禁止の原則（たとえ一人の子どもでも空白な時間を作るな）
第八条　確認の原則（指導の途中で何度か達成率を確認せよ）
第九条　個別評定の原則（誰が良くてだれが悪いのかを評定せよ）
第十条　激励の原則（常にはげまし続けよ）

『授業の腕をあげる法則』（明治図書）より

教育技術の法則化運動は、二十一世紀を迎え、二〇〇〇年よりＴＯＳＳへと進化していった。

現在、TOSS会員はおよそ一万名であり、TOSSランドの構築を始め、多方面にその活動の幅を広げた。以下に、その代表的なものを示す。

（1）TOSSランド（http://www.tos-land.net/）について。

向山洋一氏が主宰する教育ポータルサイト、インターネットランドには、授業を始め教育についての情報が満載である。二〇一二年九月三十日現在、約一一六九一のコンテンツが登録されており、二〇一一年十月にはアクセス件数が一億回を突破した。

現在、新たなTOSSランドに移行中である。

（2）TOSSが開発した主な教材。

①　五色百人一首……二十枚ずつ五色に分けてある。二十枚なので、一試合がおよそ五～七分間で終わる。

②　あかねこ漢字スキル……向山洋一氏の学習法を教材にしたもの。ゆび書き・なぞり書き・うつし書きで漢字を確実に身につけるようにしてある。また、テストの仕方にも工夫があり、漢字が苦手な子どもへの配慮もしてある。

③　あかねこ計算スキル……向山氏の学習法を教材にしたもの。三つ（二つの場合もある）のコースを選択することができ、早く計算ができる子どもも、時間がかかる子どもも、自分のペースに合ったコースが選べる。問題にもヒントが書いてあり、スキルが身に付くようにしてある。別冊の回答には、途中の計算が詳しく書いてあり、子どもでも答え合わせが簡単にできる。

④　くるりんベルト……鉄棒の逆上がりが苦手な子どもに開発されたベルトを使った補助具。

⑤　スーパーとびなわ……木製で長めのグリップと、中がつまったビニルロープで、二重跳びができやすい。

⑥　TOSSかけ算九九計算尺……かけ算九九を目で見ながら、量と共に覚える教材。数字だけでなく、面

積やイチゴ・円などの具体物を使うので、イメージと共に量感を把握することができる。
※詳しくは、東京教育技術研究所のＨＰへ（http://www.toss.gr.jp/）

（３）ＴＯＳＳ授業技量検定について。

多くのプロの仕事では、その段級位を認定するシステムがある。しかし、教師の技量を測るシステムがない。だから「自称名人」がいっぱいいる。これは困ったことだ。そこで、ＴＯＳＳ授業力量ライセンスシステムを作り、3年かけて試行してきた。黒帯六条件より、はるかにすぐれたシステムであった。

授業の技量を上げるのは、毎日毎日の一つ一つの授業の蓄積なのである。

誰でも技量は上がる。しかし、それには目標を持ち正しい地道な努力が必要だ。

（向山洋一『教室ツーウェイ』二〇〇三年十一月号）

（４）各省庁・団体等と連携する社会貢献活動

総務省を始め多くの諸団体と連携し、さまざまな社会貢献活動を展開している。

その主なものには、「五色百人一首大会（全国の都道府県で展開中）」「節電教育」「観光立国教育」「まちづくり教育」「親学・親守詩」「郵便教育」等がある。

（５）ＴＯＳＳ教え方セミナー

二〇一二年まで十年間、「ＴＯＳＳデー」という名称で全国都道府県で開催された。

二〇一三年から、全国都道府県一〇〇〇会場で「ＴＯＳＳ教え方セミナー」とリニューアルして展開される。新卒教師向けの講座が中心となる。

3◆しいのみ学園と昇地三郎氏

私が一九七六年二月頃に東京の書店で立ち読みしたのは、おそらく『しいのみ学園』（福村出版）であろう。後に購入した本が、一九五七年十月十日初版発行、一九七六年四月二十日第二十刷発行とあるからだ。

平成二十四年に、インターネットで復刻版があるのを知って注文した『しいのみ学園』（山本三郎著、山本ＫＡＴＩ出版）は、表紙に当時の写真があり、裏表紙には、当時の映画（ベストセラーとなって映画化された）を紹介する写真もあった。中身を見ると、私が最初に買ったのは、『続　しいのみ学園』と合冊になったものだったことが分かる。現在は、梓書院より新装版が出版されている。他に、『しいのみの子供たち』（福村出版）がある。

また、現在しいのみ学園は、「児童発達支援センター　しいのみ学園」として新たな形態で継続されている。

昇地（旧姓山本）三郎氏は、福岡学芸大学教授であったが、二人のご子息が脳性小児マヒになり、それがきっかけで、一九五四年、私財にて福岡県福岡市に「しいのみ学園」を創立。一二名の入園があり、そのうち九名が小児マヒの児童だった。入園日から多くのドラマが始まり、その様子は涙なしには読めなかった。しかし、著者特有のユーモア心からか、泣いていても、時に笑ってしまうこともあった。

教師はもちろんのこと、保護者、一般の方にも、ぜひ読んでいただきたい。

ちなみに、昇地三郎氏は百歳を超えてもご健在で、現在百六歳である。二〇一二年八月十六日、「公共交通機関を利用して世界一周をした最高齢者」としてギネス世界記録に認定された。

この本に出会わなかったら、私が教職を目指すことはなかっただろう。私の一生を決めた「恩書」である。

第**4**章

バンドマンになるきっかけ

昭和 42 年、第 15 回全日本吹奏楽コンクールで全国優勝した、
出雲市立第一中学校の演奏風景。片寄哲夫先生が指揮を執られた。

出雲一中吹奏楽部。昭和四十二年に第15回全日本吹奏楽コンクールで一位になる。念願の日本一。私は、その吹奏楽部の一員でアルトサックスを担当していた。コンクールには、課題曲「吹奏楽のための序曲『北の国から』(服部公二)」の他に自由曲があり、その年はバッハの「トッカータとフーガニ短調」だった。軽音楽が好きだった私にはちょっと苦しかったが、今でもその時の演奏は覚えているし、その後発売された記念のレコードを所有している。今でも、その時の思い出は懐かしいし、私の一生を左右したと言っても過言ではない。その後も、高校や大学でも吹奏楽部に所属した。それが縁で、昭和四十年代に小倉のキャバレーでバンドマンを経験することになった。

1◆サーカスのジンタにあこがれて ~憧れが夢に

吹奏楽部に入る前から(か、入ってからかは今となっては不明)、サーカスのジンタ(楽団)に憧れていた。それがいつ頃からかは分からないが、楽器の演奏で飯が食えるなら幸せだろうな。そんなことを考えていた。子どもの頃は、いろいろな(職業の)夢があった。タクシーの運転手、バスの車掌さん、自衛隊、大工、板前……。その中でも、楽器を演奏してお金がもらえることは、夢のまた夢であった。しかも、大好きなサーカスを毎日見ることもできる。そんな憧れが、キャバレーのバンドマンという形で実現した。

憧れを持っていることが、夢が実現する第一条件だ。

このことは、多くの書籍の中で述べてある。憧れを持ち、具体的に行動し、夢に進んでいくことで実現していく。

私がバンドマンになったのも、「サーカスのジンタ」という憧れがあったことが大きい。結局は、バンドマン(ジャズマン)の道は中途で終わったが、青春時代の大事な時期をバンドマンで過ごせたことは、私にとって大きな意味があった。そして、その経験が、教師になってからも、生きている。

2◆出雲一中で厳しい三年間に耐えた　～日本一の経験

日本一になることは、中学の先輩たちの夢でもあった。中国地区でずっと一位になり全国大会の常連になったものの、三位入賞も難しかった。当時、関西代表の今津中学校・天理中学校、東京の豊島第十中学校。この三つの中学校は、別格であった。それなのに、中学三年生の時に、奇蹟的に日本一になることができた。

しかし、そこに至る道は、今考えると、納得のいくものであった。

当時出雲一中では、一年のうち部活動がないのは元日のみだった。その日さえも、私たち部員は自主的に練習に出ていた。つまり、三六五日無休だったのだ。

土日以外は、朝練はもちろん、夕方四時から八時まで練習。土曜日の午後（当時は、土曜日が半ドンだった）はもちろん、日曜日も一日中練習だった。

夏休みには、合宿もあった。

県大会の前は九時まで、中国大会の前は十時、全国大会の前は十一時まで練習。これが、当たり前だった。

また、日本一になった年は、指導者の片寄哲夫先生が、「今年は三年生が二十五人もいるから（当時は、コンクールには四十人しか出場できなかった）、日本一を目指す」と明言された。

そのため、楽しみのサマーセミナーも、この年は中止。一年間のほとんどを、課題曲と、自由曲の二曲に専念した。先生の意気込みは、半端ではなかった。

当時は、体罰（?）も当たり前の時代だった。音を間違えると、コツンとやられる。先輩に失礼なことをすると、正座をさせられた。とにかく痛い目にあった。それでも、部活をやめようとは思わなかったから、不思議である。

私が三年生の頃は、体罰（?）は一切なくなった。

健康上の理由で、一～二名が辞めた（それも、一年生の時）程度で、厳しくて辞めた仲間はいなかった、と記憶している。

日本一になったときの感激は今でも忘れていない。しかし、そのことを、あまり人には言わなかった。言っても仕方のないことだし、自分がもらったものではないからだ。

第一、吹奏楽部でない人には、まったく興味も関心もないことだ。

だが、私にとってこの「日本一」の経験は大きい。これだけの努力をし、チームワークがまとまれば、実現するのだ、という自信である。これは、体験しなければ分からないことである。

本当に、貴重なことを経験させていただいた。

今でも、片寄先生、当時の同級生、そして、先輩の皆さんには感謝している。


日本一を経験することで、到達するまでの練習のすごさを知った。


法則化～TOSSの先生方には、日本一が多い。

剣道、民謡、自転車、理科教育……。ごろごろしている感じだ。日本一の団体には、日本一が集まるのだろう。磁場なのか？　波動なのか？

もちろん、トップの向山洋一氏がその先頭であることが一番の理由だ。

3◆プロの楽団「ノーチェ・クバーナ」にKOされる　～プロの音はすごい！

中学三年生の時だった。何かのきっかけで、出雲市内のホールで、「有馬徹とノーチェ・クバーナ」というプロのラテンバンドの演奏を聴いた。

生の音である。

それまでは吹奏楽を中心に聴いていたので、その時の驚きは今でも忘れない。

何しろ、緞帳の向こうから音が飛び出してくるのである。耳の中を震わせるほど。体中が痺れたことを今でも覚えている。

カラフルなコスチューム、ご機嫌なサウンド、笑顔、楽器を踊らせる、ボディがほとんどないベース……。

すべてが、私には驚きだった。

中でも、そのシャープでご機嫌な音は、私の体を震わせた。

この時私は、プロの音を肌で感じた。プロとは、音にも、楽器にも、ビジュアル的にもこだわりを持ち、客を満足させる。中学生だったが、アマチュアとは大きく違うのだ、ということを感じていた。

プロと言えば、教師になった年に友人と聴きに行った「寺内タケシとブルージーンズ」の演奏も衝撃だった。

寺内が「今日の演奏が気に入らなければ言ってくれ。この場で指を切り落とすから」という内容のことを言った。

私は不遜にも、「よーし、寺内の指はもらった」と思った。そして、（絶対に感動なんかしないぞ！）と決意した。

一部のステージでは、感動をしなかった。

ところが……。

二部が始まると、寺内は演奏せずに、メンバーの前で体を揺らしている。バックで、二人の（弟子の？）ギタリストが寺内の演奏をまるまるコピーして演奏している。それを観ていて、涙が溢れて仕方がなかった。

負けてしまった。勝負ではないが、寺内のプロとしての意地（メンバーへの指導、演奏への厳しさ……）に圧倒されてしまったのだ。


プロは、覚悟を決めている。それも、半端ではない。

これこそ、プロ。本物のプロ。私の学生時代のバンド修業など、足下にも及ばなかったことを、腹の底から感じ取っていた。

教師でも、プロとアマチュアがいる。

寺内のことを思うと、ほとんどの教師は、アマチュアの域だろう。自分の肉体まで賭けるような凄まじさで授業を競うことはほとんどない。

ただし、本物のプロ教師はいる。たしかに、いる。

命を賭けてまで、授業に臨んでいる教師。

それは、オーラで分かる。

授業や、セミナーでオーラが出ている。空気で分かる。

谷和樹氏、伴一孝氏、椿原正和氏、赤木雅美氏、木村重夫氏、神谷祐子氏、松崎力氏、河田孝文氏……。ここに上げたのは、いずれもＴＯＳＳ授業技量検定「七段」以上の先生である。他にもいるが、省略する。

4◆高校でロックに夢中♪ ～音に痺れる!!

松江高専に入学すると、一つ上の先輩に、アマチュアのロックミュージシャンがいた。彼は「ジュン」と呼ばれ、バンド名は「ジェイルハウス」だった。近くの刑務所に慰問演奏に行ったことが、その名前にするきっかけだったようだ。

その先輩の影響で、「ジミ・ヘンドリックス」「クリーム」「レッド・ツェッペリン」「テン・イヤーズ・アフター」等のレコードや、先輩たちの生演奏を聴かされた。吹奏楽では聴かなかったようなエキサイティングな曲に、体中が痺れてしまった。

それ以来、私はロックに夢中になった。また兄の影響で、中学校時代からベンチャーズにもはまっていた。当時は、エレキをやる生徒は不良だという風潮があったが、やめるわけにはいかなかった。レコードを聴くだけでも、たまらない。ダンス・パーティー等で生演奏を聴いたら、しばらくは中毒にかかったような状態になった。


音に痺れる。

このことは、子どもたちの音読や合唱で、何度も味わったことだ。美しい声やきれいな声とは違う。

合宿研究会等で、向山洋一氏が独唱されることがある。自分では、「私は音痴で……」と謙遜されるが、私は、いつも感激して聴いている。味わいがあり、心に沁みるものがある。


頭で聴くのではなく、体（心）で感じることも大事である。


音程がどうとか、声の質がどうとか……。それらは、頭で聴いているのだ。

そうではなく、心で聴いている時、そういう小さな事は全く気にならない。

子どもの歌声の場合、私は、音程など全く気にならない。プロの歌手や演奏家の場合は、気になるのだが……。

5◆サロン的な大学吹奏楽部に嫌気がさして　～全○研支部例会で喧嘩？

高校時代も吹奏楽部とは縁が切れず、出たり入ったりしていた。

大学では、ロックバンドに入ってギターかドラムを担当しようと考えていた。入学して、ロックバンドの部室付近にいると、ワンダーフォーゲル部の先輩から入部の誘いがあった。「このロックバンドに入るから」と素直に言えばよいのに、つい（中学校の体験が残っていたからか）、「ブラスバンドに入るので」と言ってしまった。

そこに、（何と！）吹奏楽部の先輩がいた。

「今、ブラスバンドに入る、と言ったよね」と言われた。そこでも、すぐに断ればよかったのに、「はあ」とか何とか言って、ついて行ってしまった。（後で断ればいい）などと考えているうちに、部室に入り、挨拶までしてしまった。（これって、一中のブラスに入ったときと同じだ！　本当は卓球部に入っていたのに、なりゆきでブラスで挨拶をし入部することになった）すべてが、後の祭り。

入ってみれば、知り合いのいない大学では居心地がよいので、そのまま居着いてしまった。

しかし、この吹奏楽部がサロン的な雰囲気で、私はその空気がとても嫌だった。

一年目は我慢できたが、二年目になるとだんだん私の我が儘な気持ちが強くなり、幹部交代の時期になって、私はクーデター（？）を起こすことにした。このままの雰囲気でこれからも続けない方がよい、もっと音に対して厳しくし、コンクールにも出るような修業系の部にしよう、と後輩に説いて回った。毎晩のように、下級生の下宿やアパートを回って説得した。ほとんどの後輩が賛同してくれて、いよいよ私の考える修業系の部になる、と確信した。

ところが、総会の場で私が動議を提出すると、私とドラムの前川氏（一年後輩で、後に二代目会長）一人を除いては、全員が私の提案に反対した。クーデターは失敗したのだ。その後部長になった同級生から、「このままの体制について来るか、部を辞めるか選択して欲しい」と言われた。

私は、当然のように辞めた。

自分の信念を曲げる必要はない。

ドラムの後輩には「ついてこなくてよい」と言ったのだが、一緒に辞めてくれた。（この頃の同級生や後輩が、後に私が立ち上げたジャズ研に何人も加入してくれている。また、修業系がよい、とずっと賛同してくれたもう一人の後輩は、私が辞めた後、例のロックバンドに入った。そして、卒業後、プロのミュージシャンになり、ジャズバーを経営している。人生は、面白いと思う）

同じような経験が、教師になってからもあった。

サロン的というよりも、教育的に許せない、という理由だった。昭和五五年当時、島根県では全◯研という教育団体が、日教組青年部を牛耳っていた。その団体のボスが、私の勤務校の近くの（その支部の）例会に参加する、という情報が入った。私は参加したくなかったのだが、同僚から誘われ渋々参加した。

若い教師が十名近く参加していた。そこでは、近隣の中学教師が「一人の男子に困っている」というレポートに、ボスが答えた。その答えに私は我慢できず、「そんなことが教育か！」というようなことを言って、その会場を飛び出した。

同僚は慌てて追ってきて、「せっかくだから、引き返そう」と言った。しかし、私は戻る気にはならなかった。たまたま、その男子の名前が「こうじ」だったこと、解決策があまりにも非教育的だったことを、私は許せなかったのだ。後日、斎籐喜博氏の（その団体への）批判を読んだとき、私は納得した。

自分の感性というのだろうか。大学の吹奏楽部も、この教育団体支部も、その空気さえ嫌いだった。

6◆大学でジャズ研立ち上げ　~サークル立ち上げ・運営を学ぶ

吹奏楽部を辞めてから、「こうなったら、自分が思うような部を作る！」と決意し、いろいろ考えたり後輩に相談したりした。結局「ボサノバ系の軽音楽部」を立ち上げることにした。当時、「ハワイアン同好会」が廃部になり、新たにできた部室が空くことになっていて、付き合いのあった部長から「ぜひ、受け継いで欲しい」と依頼された。私は（渡りに船）と思ったが、何かあるぞという嫌な予感がした。案の定、ビブラホン等の古い楽器も部室と共に受け継ぐ見返りとして、いくらかの借金が残っていた。まあ、部室を引き継げることを考えれば仕方がないか、と承諾した。

例の後輩は、一緒に部を創ることに賛成してくれた。二人で部室に入り、私のアルトサックスと、彼のビブラホン（まだ、ドラムセットがなかった）で、ラテンの曲をがむしゃらに演奏したことを覚えている。

二人で「部員募集」のチラシを作成し学内に数カ所貼った。それに応じてくれたのは、一年の男子が二人。本当は、女性ボーカルが二人欲しかった。そして、「セルジオメンデスとブラジル66」のようなバンドを創りたかったのだが……。メンバーが揃わないので、仕方なく（？）歌なしのバンドを部活のメインにした。楽器もなかったので、他の三人にバンドが入っている店を紹介し、三ヶ月後にバイト代で各自楽器を買って、また集合しよう、ということにした。

立ち上げのエネルギーは大変なものだったが、夢が溢れていた。

その後、このジャズ研は後輩たちに恵まれ、今でも「K&K」という私が名付けた名前で継続している。毎年定期演奏会を開催している。私はOBの一人として、五年に一度参加している。地元で仕事をしているギターの中嶋氏が私の次ぎに二代目OB会長を引き受けてくれ、現役とOBの渡し船の役をしている。そして、平成二十四年一二月に第三五回定期演奏会に招いてくれた。三〇名近くの部員がおり、二年前から私の夢であったビッグバンドの演奏も披露するようになっていた。

この時の経験は、法則化サークルを立ち上げるときに役に立った。何かを立ち上げるときには、エネルギーが必要であること、一人だけでも仲間がいることが大きな財産になること。そして、大きな不安を上回るだけの「夢を叶える」というでっかいワクワク感があること。

7◆キャバレーでトラを務める　~チャンスを生かす

吹奏楽部の先輩が、「キャバレーで三日間トラ（エキストラのこと）をしてくれないか」と言ってきた。私は自信がなかったが、お金ももらえるし、キャバレーという魅力的な世界に入れるので承諾した。

新世紀というお店（閉店されて今はない）だった。バンマスは、私と同じアルトサックス奏者で、年齢の割に格好いい方だった。三日間、ほとんど演奏することはなかった。何しろ、楽譜の数が多すぎて、演奏中の楽譜を見つけたときは、次の曲にチェンジしていた。つまり、そこに楽器を持っているだけで、バイト料をもらったことになる。こういう人のことを、「立ちん坊」と呼んでいた。（第6章で詳しく述べる）

しかし、このことがきっかけで、私はキャバレーでバンドマンをすることになった。この先輩には大変感謝している。

また、この店のバンマスのことは、今でも尊敬している。何しろ、自分のオヤジのような年齢のおっさんが、「アドリブがどうのこうの」と言ったり、ハイヒールを履いたり、ジャズを演奏したり……。

演歌が好きで、パチンコが好きで、家で日本酒を飲んでいる父親のことを思うと、私にはとっても格好いい人に思えた。今、私がその年齢を超え、そのバンマスのイメージを追っている。

自分の力があるかどうかよりも、もっと大切なことがある。それは、ということだ。

明治図書出版から、教育雑誌の原稿依頼を頂いたときのこと。自分にその力があるか、と言われたら、「ない」としか言えなかった。それでは、「断ります（否）」という道を取るかというと、違う。

「承知しました（諾）」と返事する。書くことで、力をつけるのである。力がないから勉強し、書くことで力を付ける。そういうことを、向山洋一氏や法則化運動から学んだ。

実は、私にはとても苦い経験がある。そのことが、その後のバンドでも、他の仕事でも、教員になってからも、大いに役に立った。このことについては、第6章で述べる。

8◆松本英彦氏のテナーに号泣　～子どもの合唱でも経験

中学時代の吹奏楽部の先輩から、「ジャズは、じゃじゃ（出雲弁で、デタラメとか間違いというような意味）だ」と教えられた。そのため、ジャズは聴かないようにしていた。（何とその先輩は、後にプロのジャズマンになった！）大学でジャズ研を始めた頃、小倉のホールに、ある音響会社のプロモーションで松本英彦氏が来た。当時の私は、松本英彦と言えば「日本のサム・テーラー」という認識で、演歌を演奏する人と考えていた。そういう乗りで、私とフルートの後輩とで参加した。

ところが。

演歌の演奏会と思っていたのに、何と、ジャズのコンサートだった！

そして、私もその後輩も、泣いて、泣いて、しゃくり上げてしまうほど感動した。

その時から、私はジャズの虜になってしまった。

それと同じ経験を、教師になってから子どもたちの合唱で経験した。東京都瑞穂第三小学校の公開研究会で。この時も、泣いて、泣いて、しゃくりあげたのだ。


感激でしゃくりあげるほどの経験をして欲しい。

たかが子どもの合唱程度で、と言わないで欲しい。一人の大人が泣くにはそれだけの感動があったのだ。しかも、帰りのバスの中で、他の教師達も泣いていた。私だけの感覚ではなかったのだ。

9◆ジャズって素敵な音楽♪　～自分の感性を信じる

ジャズは、決して「じゃじゃ」ではなかった。

今でも、自称「ジャズ愛好家」として、上京するとジャズライブに行ったり、車の中でジャズを聴いたりしている。

さすがに、ジャズの演奏はしなくなったが、いつ聴いても素敵である。読者がまだ、その気がない方なら、ぜひ聴いて欲しい。どのアルバムでもよい。

この頃は、ちょっとしたジャズブームの復活で、ジャズのベストアルバムやオムニバス版がたくさん出回っている。

私がお勧めする演奏家は、トランペット奏者のマイルス・ディビス。クール・ジャズ、ハード・バップ、モード・ジャズ、エレクトリック・ジャズ、フュージョンなど最先端を歩んだ名演奏家だ。多くあるレコードやＣＤはどれも名盤だが、初心者の方ならエレクトリック・ジャズに入る前の演奏を勧める。

また、日本人の演奏家にも名盤がある。同じくトランペット奏者の日野皓正氏。テレビにも多く出演するので、ご存知の方も多いと思う。

ジャズにはまってから思うことは、「自分の感性で、自分の頭で判断すること」が大事だ、ということ。人の意見も大切だが、最後は自分で判断するしかない。

感性を大事にする。

友人の薦めでクラシック音楽を聴いた時期もあったが、長続きはしなかった。中学時代はクラシック音楽が中心だったが、やはり好きではなかったようだ。ところで、私の両親は演歌が大好きだった。だから、子どもの頃は、演歌漬けだった。還暦を迎えた今になって、演歌も悪くないな、と思うようになった。

小倉でジャズを習っていた頃（学生時代）、私のサックスの師匠だった方は、「パチンコ屋を通るときは、耳をふさげ」と言われた。当時のパチンコ店では、演歌が流れていたからだ。演歌のノリが身に付くとジャズのノリが身に付かない、というのが理由だった。

ところで、先に述べたプロのジャズと、子どもの合唱。

全く違うジャンルで、同じ感動。

何だろうか？

これを、感性で片付けてよいのだろうか？

10◆学んで給料をもらえるなんて　～教職も同じ

キャバレーのバンドでは、人生を学んだ。そう言っても過言ではない。また、大好きな音楽（楽器）を演奏して、お金がもらえる。

何て素晴らしいんだ。

そう思って、毎日を過ごしていた。

そのことは、教師にも言える。

一年目は、子どもにいろいろ教えて給料をもらうなんて、大した仕事ではないな。自分の知識を伝えるだけなんて、つまらないな。そう考えていた。

ところが、向山洋一氏や斎藤喜博氏の本を読むようになってから、子どもから学ぶ、子どもに教えてもらう、ということを考えるようになった。それからは、学んでその上に給料をもらえるのは、バンドマンと同じだ。そう考えるようになった。本当に、ありがたい仕事だ。

教師の仕事は、子どもに教えるだけでなく子どもから学んでいる。

第5章

キャバレーで学んだこと

出雲 BBM ジャズオーケストラのライブ（1980 年）
サックスの左から 3 番目が筆者

今では、キャバレーはほとんど消えてしまったが、私が学生時代は全国にあった。

私が暮らしていた北九州市小倉にも、新世紀、月世界、大和《やまと》、チャイナタウン等全国チェーンの店もあった。

これらの店には大きなダンスホールがあり、十三人程度のバンドが二組入っていた。他に、小さなお店（アルバイトサロン）もあり、小規模のバンドが入っていた。そこで、結構バンドの仕事の誘いもあった。

ここで、管楽器（サックス、トランペット、トロンボーンの三種類）を演奏する学生は、バイトをしながら、演奏の仕方（技術）を学んだ。本当に、ありがたい時代だった。

その後、アジアからノリがよく低賃金で演奏するバンドが入り、そして、あの「カラオケ」が入ってからは、バンドマンの働き口はみるみる減っていった。今では、若い人にキャバレーと言うと、キャバクラと間違えられる。

1◆聞いていたことと全く違う世界　~自分の目と耳で

私の父は、水商売についてよい印象を持っていなかった。そのため、私は自分がその道に入るまで、水商売に対して偏見を持っていた。自分の周りにいる他の大人も、同様の感覚だった。

ところが、自分の目で見ると、その景色も、実態も、想像していたものと全く違っていた。詳しくは書かないが、人の感覚と、自分の感覚ではこうも違うのか、と驚きだった。

このことが分かっただけでも、キャバレーで過ごした価値があった。百八十度変わる。そんな感じだった。

これは、教育についても同様だ。他の教師が「よかった」と言うので参観すると、その逆だった、ということはよくある話だ。自分の目で、自分の耳で確認することが大事なことは、水商売に対することと同じだ。

ある研究会に一緒に行った先生が、私と全く反対の感想を言われた。私は、「この研究会は、見栄ばかりで中身がない」と思っていたのに、「とっても素晴らしい研究会だった。また行きたい」と先輩の先生が言われた。二度経験したことである。ところが、私と似たような感性を持った同僚と行くと、同じ場面で泣き、感動する。

自分の目で観る。自分の耳で聴く。自分の舌で味わう。

絵画展でも同じことだ。以前、長男がフランスでパティシエの修業をしていたので、妻とパリの「ルーブル美術館」に行った。私は、あまり絵画には興味はないが、中に入って驚いた。名画の数々もすごいのだが、それ以上に、どの部屋にもある天井の絵に圧倒された。次から次へと、展開される天井の絵に。

もちろん、「モナリザの微笑み」もみた。しかし、そういう有名な作品よりも、そこかしこにある夥しい絵の群れのパワーに圧倒されたのである。一つの名画がすごいのではなく、そういう場にあるから輝いて見えることを、思い知った。自分の目で、耳で、肌で体感することも大切さを学んだ。

料理も同じだ。人が美味いと言っても、自分にはどうか分からない。自分の舌で味わって初めて、おいしさが分かる。評論家の意見も大事だが、その前に自分で経験することはもっと大事なことである。

2◆夕方なのに「おはようございます」～それぞれに常識がある

水商売は、夕方からが本番だ。そのため、夕方店に行くと、「こんばんは」ではなく、「おはようございます」と挨拶する。これは、現在でもその業界では同じようだ。今では、テレビ番組でそういう光景を見ることができる。

始めは変な感じがしたが、慣れてしまうと、それも快感になった。何だか、別世界に入ったようで、ちょっぴり自慢したくなるほどだった。これも、今考えれば、何と言うことはないが、若い頃（島根から出た頃）は、ちょっとした喜びだった。

これは、教師の世界にも当てはまる。教師同士では当然のことでも、教師以外には通じないことが多い。たとえば、バスの中でも、居酒屋でも「○○先生、△△先生」と大声で連呼する、あれである。この頃では少なくなったが、教師になる前は、そういう場に出くわすと、「オエッ！」と思ったものだ。ただし、自分たちの場でそう呼ぶ分には、全く違和感はない。教師を「先生」と呼ぶのは当然だからだ。

また、「お客さん」という言葉が、昔は「学習に参加できない子ども」を指すこともあった。これなど、私には信じられないことだった。言葉のとらえ方もそうだが、そのように考える教師の感性が信じられない。

常識と言えば、教師だけに通用する言葉は多い。もっとも、他の職業にも言えるのだが。

私のサークルでは、教師以外の方に分かるように言わなければ、それはダメな証拠である、と言っている。もっと言うと、中学生にも分かるような内容である。これは、保護者向けの学級通信や、連絡文書でも言えることだ。自分には分かることでも、保護者に分かってもらえなければ、何の役にも立たない。

3◆マネージャーから学んだこと　～朝礼の挨拶、なぐさめてもらう

私がお世話になった店のマネージャーは、見るからに真面目な若者だった。「いつかは、自分の店を出すのだ」と夢を語ってくれた。そのマネージャーは、私にいろいろなことを教えてくれた。

特に覚えているのは、ホステスさんへの挨拶の指導と、私が失敗したときのなぐさめだった。

お店を開く前に、朝礼（実際は、時間的に「夕礼」か「晩礼」と呼ぶべきだろうが）で「おはようございます」と挨拶をする。ところが、ホステスさんたちは、すぐに元気な声を出さない。恥ずかしいという気持ちもあろう。

そのマネージャーは、何度でもダメ出しをする。自分が納得するまで。合格すると、「それでは、今日も元気に行きましょう！」と言ってバンドの方を見る。そこから、バンド演奏が始まり店がオープンする。

また、私が演奏がうまくいかず悩んでいると、自分の失敗経験を話しながらなぐさめてくれた。そんなに年齢は離れていなかっただろうが、ずいぶん助けてもらった。

教師になって、担任としての第一日目。朝と帰りの二回の挨拶だけは厳しくした。私が納得いくまで繰り返させた。もちろん、翌日からは、だいたい一回で合格する。子どもは、毎日しつこく指導しなくても、合格することが多い。中には、何日も繰り返す必要がある学級もあった。教師が納得いくまで、繰り返させる。納得しないままに見過ごすと、全ての面で中途半端に終わることになる。ところで、毎時間「気をつけ、礼」の挨拶を、毎時間始めと終わりにさせる担任もいる。毎回、毎回させられる子どもたちが、可哀想でならない。朝と帰りに、一回ずつ心を込めてすればよいことだ。

また、この時悩みを聞いてもらったように、若い仲間の悩みを聞いて、相談相手になることにしている。

自分が教頭になった年は、細かいことから深刻なことまで、先輩教頭に聞いてもらった。その分、昇任二年目からは、昇任したばかりの教頭の悩みを聞いてきた。自分自身が経験してきたから、彼らの悩みは身に染みて分かっているつもりだ。

4◆ホステスさんから学んだこと　～好きでお酒を飲んじゃいない

ホステスさんと聞いて、読者はどんなイメージを持つだろうか。

私は、たばこを吸って、酒を飲んで、おしゃべりが好きで、だらしがない。そんなイメージを持っていた。

ところが、実際に私が出会ったホステスさんは、違っていた（中には、そうでない方もいるだろうが、それはどの世界でも同じだ）。この職業だからこうだ、という判断は間違っていることが多い。ほとんどのホステスさんは、それなりの事情があってのことで、好きで選んだのではないことが多い。中には、先のマネージャーのように、自分の店を持つために、夢を持っている場合もある。

しかし、少なくとも、たばこもお酒もおしゃべりも、商売でそうしている場合が多かった。その店に相応しい態度が必要だからだろう。

深夜十二時に終わる遅番の時、ホステスさんと一緒のバスで帰ることがあった。終電に間に合わないからだ。その中で、いろいろな愚痴を聞くことがあった。私はアルコールを飲んでいないので、素面である。始めの頃は嫌々だったが、そのうち、自分から耳を傾けるようにもなった。先輩から人生を教えてもらっている感じだった。

教職も、好むような仕事の内容ばかりではない。中には、嫌々でもしなくてはならない仕事もある。そんな時、当時のホステスさんのことを思い出すことがある。好きでなくても、仕事なら、お金をもらうなら、喜んで取り組むことにしてきた。

どの仕事でも、「この仕事は、み～んな大好き！」ということはない。好きなこともあれば、そうでないこともある。それでも、お金のため、生活のため、その仕事に生きがいを感じて……。様々な理由で、頑張らなくてはならないことがある。

私自身は、水商売を嫌だと思わなかった。今でも、夢の中で見ることもあるし、チャンスがあればもう一度やってみたい、と思ったこともある。今、長男が調理人として頑張っている。自分が果たせなかった夢を、叶えてくれそうな気がしている。

5◆深夜の家庭教師　~中学生は学びたい、母親は賢くしたい

バスの中で、「部屋に来てくれない？」と口説かれた（？）ことが何度かある。お酒の誘いではなく、私が大学生と知ったホステスさんが、我が子に家庭教師をして欲しい、という依頼だ。私は、疲れているし、家庭教師（バンドマンをする前に少しだけ経験したが）に自信があるわけでもない。それでも、顔なじみの方だと断れない。中学生相手に、深夜の特訓をする。その間に、母親は手料理を作っている。そして、その勉強が終わると、夜食をご馳走してくれた。たぶん、いくらかの謝礼とタクシー代をくれたと思う。料理をいただいたことは覚えているが、他の報酬は覚えていない。おそらく家庭の味が嬉しかったのだろう。

そこまでして、母親は我が子を賢くしたいのだ。中学生も、深夜にもかかわらず、私の下手な指導に応えてくれた。一度も、嫌な思いをしたことはなかった。大学の紹介で行った小学生相手の家庭教師では、嫌な思いもしたのだが。

教師になってからも、この時の経験は役になっている。どんな子どもでも、どんな保護者でも、思いは同じだ、ということが分かったからだ。今、四人の孫がいる。親だった頃には見えなかったことが見えるようになった。子ども（今は、孫）は、賢くなりたくて、親には分からない努力をしている。それを、親がどう認めるか、で大きく違ってくる。絵本を読む、アナログのゲームをする、外で遊ぶ、手伝いをする。どれも、喜んでしている。それを認め、ほめることで、意欲が湧いてくる。しかし、それを途中で遮ったり、茶化したりすると、子どもの意欲は落ちてしまう。

子ども（大人も同じ）は、成長したいのである。どんなに苦しくても。

そして、親も、同じである。どんなに苦労してでも、子どもを賢くしたいのである。

私は、学生時代に、貴重な経験をした。

6◆ステージに立っていることが恥ずかしくて　～模擬授業、授業技量検定

先のマネージャーの所でも触れたが、私はステージの上で何度も恥ずかしい思いをした。中でも、初めてアドリブを演奏した時のことは忘れない。顔から火が出るような思いだった。誰も気にしてはいないのだろうが、自分は恥ずかしくて、恥ずかしくて、仕方がなかった。本当に恥ずかしくて、ステージを降りてから、店の外に逃げ出したほどである。そして、時間を見て、ステージに上がる寸前に店に戻った。

もう一つは、初めてトップ・アルト（五人いるサックス奏者の中で旋律を演奏する）を担当したときである（その方が休んだ一日だけの臨時だった）。自分より上手な人を差し置いて担当したのである。自分が格下だと言うことがはっきり分かるので、恥ずかしさは尋常ではなかった。先の時と同じ行動をしたことを今でも、覚えている。

教師で言えば、教師相手の模擬授業や授業技量検定の場面に近い。これも、本当に恥ずかしい。今でも、覚えているほどである。しかし、このような体験を通して少しずつ上達していくのだ、と自分に言い聞かせている。そして、若い仲間にそういう場に立つことを勧めている。

足が震えるほどの、頭が真っ白になるほどの恥ずかしい経験をする。

恥ずかしい経験をしなくては、子どもに「恥ずかしがらずに、挑戦しなさい」などと言えるわけがない。自分が率先して行動するから、子どもにも指導ができる。言う資格ができるのである。

7◆笑顔の裏に家庭事情　~教師も笑顔で向かえ！

先にホステスさんの件で述べたことである。笑顔で接客しているホステスさんだが、それぞれに様々な事情を抱えて店に出ている。そして、店に出るからには、どんな事情があっても、笑顔でいる。お金を払ってもらうのだから、笑顔で接客するのは当然だが、教師はそうではない（ことが多い）。

子どもを叱るのが商売だと勘違いしている教師もいるようで、笑顔など子どもの前では見せない、ということも聞く。

ＴＯＳＳの教師は、笑顔の練習をすることを当然のこととしているが、普通の教師はそうではないようだ。たまに笑顔を見せても、形だけなので子どもたちは嬉しくない。

どんなに苦しくても笑顔で接客するホステスさんを真似て欲しい。

苦しいのは当たり前。お金をもらうのだから、仕事は楽しくなくて当たり前だ。それでも、仕事を楽しくしようと努力する若い教師は幸せだ。

どんな時にも笑顔で子どもの前に立ち、保護者や業者の方にも笑顔で接すれば、子どもにも保護者にも業者の方にも感謝される。

鏡の前で笑顔の練習をする。

それだけ、教師には笑顔が当たり前のことではないようだ。それだけ、（一般の）教師はプロ意識が低い、と言えるだろう。

8◆同じ年齢なのに「ボク」と呼ばれて ~先輩、後輩のけじめ

私がいたキャバレーのホステスさんの中に、(後で分かったことだが)私と同じ年齢の女性がいた。お互いに若いということで、よく話しかけてくれた。それはよいのだが、私を「ボク」と呼ぶのだ。それでも、年上の方だと思っていたので、抵抗はなかった(全くなかった、と言えば嘘になる)。ある時、その女性が私と同じ年齢と知って、唖然とした。腹が立つほどではなかったが、よい気持ちはしなかった。よく話していたので(相手が話すことが多かったが)、それはそれでよかったのだが、面白くはなかった。

教師の世界でも、そのようなことがある。年下なのにため口だったり、相手が先輩なのに上から目線でものを言ったり……。特に、校長になった途端に、偉そうな話し方をする者もいた。

教師の世界には珍しい、「向山一門」という組織がある。向山洋一氏を師匠と仰ぐ弟子の集団である。そこでは、相撲や落語の世界と同じような(それ以上の?)師弟関係が存在する。私もその一人だ。

人によっては、「そんなに厳しくしなくても」と思うだろうが、私には小気味よい空間だ。

先輩と後輩のけじめがきちんとしている。

私が在籍した出雲市立第一中学校の吹奏楽部もそうだった。とにかく、厳しかった。先輩・後輩のけじめがきちんとしていた。先輩は怖かった。一つ先輩が本当は怖かったのだが、二つ先輩は(想像するだけで)もっと怖かった(実際には、二つ先輩から叱られることはなく、一つ先輩から叱られていた)。

それが、嫌だとは思わなかった。そういうものだと思っていたし、教えてもらっているのだ、という感謝の気持ちもあった。

先輩・後輩のけじめをつける。

学校の組織は、校長・教頭（副校長）が管理職として別格だが、他の教諭については、年齢や経験に差があっても、ほぼ同格のように扱う空気がある。本来は、先輩を敬い、後輩を可愛がるのが組織のよさだと思うが、学校は変に平等意識が強い。

逆に言えば、それだけ、先輩の権威が落ちているのかも知れない。先輩が後輩を圧倒するだけの技量を持ち、学級経営や授業力で勝っていれば後輩も尊敬するだろう。しかし、勉強不足の先輩が多い状況なので、難しい話だ。

9◆表の顔、裏の顔（楽屋）～職員室は楽屋裏？

バンドマンには、楽屋がある。ステージを表とすると、楽屋は裏である。もちろん、歌手や芸人さんにもある。楽屋では、歌手や芸人さんも、（バンドマンの楽屋に来る人の場合）親しみやすい。中には、怪しげなお土産を持ってくる人もいた。お菓子やお酒などの差し入れをくれる人もいた。

私たち教師にも、教室という表と、職員室という裏の場所がある。子どもたち（保護者や業者も）がいつ入ってくるか分からないので、なかなか裏の顔でいることはないが、リラックスできる空間である。

教頭の場合、職員室が自分の城なので、やはり落ち着く。ここでは、（邪魔にならない程度で）教育以外の話もするし、ちょっとした相談を受けることもある。また、業者の皆さんを接待する場所でもある。子どもたちが入って来るときは話の内容や言葉遣いには気を遣うが、それでも、子どもたちも教室とは違う空間であることを承知している。

教師の場合、始業から終業まで、心底くつろぐ時間はない。子どもが学校からいなくなるまで、何が起きるか分からない、特に管理職は、気が休まる暇はない。

その点、半ドンがあった頃は、土曜日の午後が、貴重な時間であった。弁当やラーメンを食べながら、雑談をしたり、自由な時間で自分が所属する研究団体の研究や話をすることができた。勤務時間ではないので、自由な雰囲気がそこにあった。

10◆名物食堂「裏飯屋」～馴染みの店を持つ

これは全く余談だが、あるキャバレーの裏側に名物食堂があった。「名物」と言っても、別に「これぞ！」というメニューがあるわけではない。バンドマンやスタッフが食事をする店だ。

名前が洒落ている。

「店の裏にある飯屋」だから、「裏飯屋（恨めしや）」。それだけのことだが、当時は面白くて仕方がなく、多くの友人に教えていた。

値段も高い、ゴキブリは出る、愛想はそれほどよくない。

それでも、客は多い。不思議だった。どうして、こんなに客が集まるのか。

一番の理由は、店から近いこと、それとフレンドリーな雰囲気（中でも、女将さんの笑顔！）がよいのだろう。

こういう馴染みの店があると、心が落ち着く。

教師になってからも、馴染みの店があった。一番は、「酒房喝」という大阪出身の腕がよくて口の悪い（？）マスターと、美人で愛想のよいママさんの最強コンビのお店だった。当時の私は若かったので、お金はない。そこで、ツケで飲むことは当たり前で、給料日（十五日）に払う。ビールは飲むが、料理は頼まないという一番儲からない客だった。私の同僚と二人でよく行った。多いときは、週に二～三回行っていた。マスターが亡くなるまで、三十二年間通った。サークル共著の出版記念パーティーも、この店で行った。ママさんが、とっても喜んでくれた。その時の写真も残っている。

その店が消えてからは、隣町のイタリアンの店や町内の寿司屋さんにお邪魔している。マスターやママさんが笑顔で迎えてくれると、やはり嬉しい。

また、サークル仲間と飲むことが多い、出雲市や松江市にもそれなりの馴染みの店がある。

東京にも時々行くが、一軒だけよく行くお店がある。

そういう馴染みのお店は、本当に落ち着く。

第6章

プロの世界は厳しい！

〝Jazz in Izumo〟での、出雲 BBM ジャズオーケストラのステージ（1983 年）
サックスの左から 3 番目が筆者

私にとって青春の一番の思い出は、キャバレーでバンドマンを経験したことである。楽しいことも、苦しいことも、ここで多くを学んだ。

また、キャバレーではなく、ジャズクラブへの出演の時に経験したことは、これである。

チャンスは一度きりしかない。

このことは、今でも苦い思い出である。

また、遠慮をしていても、誰もその気持ちを察してはくれない、ということも学んだ。

自分でチャンスを掴むしかない、引き寄せるしかない。そういうことも学んだ。

それは、こういうドラマだった。キャバレーにも慣れ、小さなバンドでも演奏できるようになった。そのうち、ジャズ・バーで本格的なジャズを演奏してみたい、と願うようになった。そのうち、憧れの店でジャズを演奏する常連の方から「今度一緒に、◯◯に出てみないか（演奏しないか）？」と誘いがあった。その時、内心出たくて出たくてウズウズしているのに、島根県民の遠慮深さ（？）から、「はあ、ちょっと……」というような、曖昧な返事をしたのだ。

そうすると、（こいつは、なかなか遠慮深い奴だ、と）よい印象を持ってもらえる、と期待した。しかし、その方は、「それは残念だな。分かった。他のメンバーを誘う」と言われる結果となり、その話はなくなった。

本当は、「はい。お願いします」と言いたいのに、曖昧に答えてしまったのだ。島根では、それでも通じることもあるのだが、ここではダメだった。

その時、自分の気持ちをきちんと言わなければ、チャンスは逃げていくことを、思い知った。

それからの私は、どんなチャンスも、逃さないようにした。自分の技量では無理と分かっていても、「はい、や

——本にまとめたいと思われる先生方へ

準備は現役教師の時からでも、退職直前また、退職後でも何時からでも大丈夫。
それぞれの立場での実践・歩みやアドバイスをまとめましょう。たとえば、

校長先生や副校長先生・教頭先生の場合

「私の教育理論」「月曜集会や行事での話」「学校便りの原稿」「担任だったころ」「教職員を守った話」「学校運営」「昇任試験」
「PTAや地域の人たちとのエピソード」「学校を守り抜く法」「授業参観の見方・アドバイス」「今だから話せる」

学級担任の場合

「学級経営とは……さまざまな事例から」「授業作りの工夫と実践さまざま」「保護者からの手紙と対応」

生活指導担当の先生の場合

「子供を守る仕組みと工夫、その事例と解決方法」「印象的な子どもとの出会いと別れ」

各教科の研究を進めてきた先生の場合

「研究実践報告まとめ」「研究のありかた・今後の課題」等々
また、学級通信・学年通信・文集……まとめる内容はたくさんあります。

6つの安心サポート

1. 本の構成のサポート、プロット・目次だてのサポート
2. 原稿執筆におけるサポート
3. インタビューによる原稿補足サポート
4. 丁寧な編集・校正によるサポート
5. 刊行された本の公共図書館納入のサポート
6. 全国の書店、アマゾンからも入手できます

経験豊かな編集者が、はじめから相談にのります。お気軽に連絡ください。

≪問い合わせ先≫　株式会社 学芸みらい社（担当：青木）
〒162-0833 東京都新宿区箪笥町43番 新神楽坂ビル1F
http://www.gakugeimirai.com
e-mail: info@gakugeimirai.com
TEL03-5227-1266 FAX03-5227-1267

学芸を未来に伝える
学芸みらい社
GAKUGEI MIRAISHA

ります」と答えることにした。

その方からの誘いは二度となかったが、しばらくして他の方から誘いがあり、その時は、「はい、よろしくお願いします」と言えた。別の形で、私の夢は実現したのである。

それ以来、自分には分不相応のことであっても、必ず受けることにした。幸運につながるからである。

1◆演歌で稼ぎ、ジャズはステイタス　～雑務も給料のうち、授業の腕は？

バンドマンは、音楽と名の付くものなら何でも演奏しないとお金をもらえない。

特に、キャバレーの場合は、演歌が演奏できないと話にならない。ところが、演歌がいくら上手くても、ジャズが演奏できないと、バンドマン同士では、評価が低い。そこのところが、難しい。お金は、演歌などの客受けのよい曲や、ショーの楽譜を初見で演奏できる腕で稼ぐが、仲間内からは違う評価を受ける。ここがプロの厳しさ（？）。

教師も同じことが言える。

教師の本業は、言うまでもなく授業の腕だ。しかし、授業の腕ばかりで給料をもらうわけではない。

給料をもらうには、学級づくりや生活指導。教室掲示、文書処理、パソコンによる処理、学級会計やＰＴＡの会合……。多くの仕事がある。それらができて、やっと一人前として給料をもらえる。もちろん、それができなくても、経験年数に応じた給料をもらえるという実態もあるが、子どもや保護者、地域の方々は、ナマケモノとそうでない教師をよく評価している。

教師の本業は、あくまでも授業である。

そして、授業が下手だと、教師同士での評判がよくない。ジャズの腕前と同じだ。いくら、保護者に受けがよくても、授業がうまくなければ、教師同士では恥ずかしい思いをする。

2◆楽譜を探しているうちに終わっちゃった！ 〜教師一年目の屈辱

初めて行ったキャバレーのバンドには、三冊の楽譜集があった（大きなキャバレーは、ほとんど同じだった）。一冊が十センチメートルほどの厚さだった。当時の青いコピーだったので、とにかく見づらいものだった。「1」から「500」くらいあっただろうか？　大ざっぱに言うと、ジャズ、ダンス音楽、演歌の三種類だった。全部の数字が揃っていたわけではないが、とにかく楽譜の多さに、驚いた。

初めてバイトで行ったときのこと。「Aの○番！」とバンマスが言うと、少しの時間を置いて、ドラマーが「ワン、ツー、スリー、フォー」と、言葉とスティックの音でカウントを出す。すると、私が楽譜を出していなくても、音楽はスタートする。やっとこさで、楽譜を見つけると、ほとんど曲が終わっている。

私が楽器を吹こうとすると、「ジャーン♪」と曲は終わっていた。

すかさず、「Bの△番！」とバンマスが言うと、少しの時間を置いて、ドラマーがカウントを出す。そして、曲は始まる。そして……。同じ事が、何度も続く。

一日目は、こうして終わってしまった。ほとんど、曲を演奏することもなく、終わってしまった。それでも、給料はもらえるのだ。それを、「儲けた！」と喜ぶか、「クッソー‼」と悔しがるかは、人による。

それ以後のことは、ご想像にお任せする。

教師になりたての頃は、失敗ばかりだった。

授業は、今考えると、およそ授業とは言えない代物だった。

それでも、子どもたちは、何とか付いてきてくれた。もちろん、集中する授業などなく、本当に子どもたちには申し訳ないことをした。

いくら新卒とは言え、いい訳はきかない。四十五分間を何とかしなくてはならない。それも一日に、六コマもある。国語、算数、社会、理科、音楽……。体育は、体を動かすため、子どもたちが喜ぶのでまだよかった。それ以外は、自分でも面白くないのだから、子どもたちにとっては耐える時間でしかなかっただろう。

授業のチャイムが鳴る。教室に行く。前日に準備した指導計画（ほとんどは、赤刷りの指導書をノートに丸写ししたもの）を元に、授業を進める。自分でも面白くない。それでも、四十五分間耐えるしかない。（私も、子どもも！）

一度は、あまりにも子どもたち（男子）が集中しないので、子どもに交代で先生役をさせたことがある。自分でも（してはならないこと）と自覚しつつも、子どもたちに強制した。男子は、交代で神妙に授業（？）をしていた。申し訳ないにも、ほどがある。そう反省した一時間だった。もちろん、その後は一度もしていない。

その分、休憩時間は、遊んだ。とにかく、遊んだ。そうすることしか、子どもたちに償うものはなかった。

唯一、合奏指導だけは自信があった。これだけが私の武器だった。六月の親子運動会で、合奏を披露しようと、二ヶ月間合奏の特訓をした。「ドレミの歌」を、十六名に合わせた簡単な編曲をして、披露した。前の年に、かなりやんちゃをしたようで、保護者からは、驚きの大拍手をいただいた。

3◆間違えると飛んでくるモノ　～厳しい教師修業

バンドでは音を外すと、とんでもないことになる。私がいたバンドでは、モノが飛んできた。私はサックス奏者だったため、一番前の列にいたので、後ろや横から物が飛んできた。トランペットのミュート（弱音器）やドラムのスティックは後ろから、トロンボーンのスライドは顔の横から。

またサックスには飛び道具がなかったので、被っている帽子や履いている靴を後ろにいるメンバーにお見舞いした。同じ楽器を演奏する横の人には、楽譜を取り上げたこともあった。

それほど、厳しい（楽しい？）空気があった。

そう言えば、出雲一中の吹奏楽部では、音を間違えるとドラムのスティックが頭にコツン。いけないことをすると、正座をさせられた。相当厳しいものだったが、一度も、それが辛いとは思わなかった。

教師の仕事で、そこまで厳しいことがあっただろうか？

口では、いろいろ厳しい言葉を言われてきたが、体への攻撃はなかった。

若い頃は、ベテランの女性教師から、厳しいことを言われた。そこには、若手を育てようという気持ちもあったようだが、中には、いかにも「いびり」と思えるものもあった。それでも、若くて分からないことばかりだったので、受けるしかなかった。言い方により、また言う人により、同じことを言ってもらっても、受け止め方は反対になった。これが、後に自分が若手を指導する立場になったときに、役だった。

厳しさという点で言えば、教育技術の法則化運動での論文審査、ＴＯＳＳの授業技量検定が、受ける者にとっては厳しいものだ。

向山洋一氏による論文審査、また、向山氏やその高弟による授業技量検定には、真剣で、また神聖と思えるほどの厳しさがある。この場合は、どんなに低い評定をもらっても、受けた教師は喜んでいる。納得のいく評価であり、納得できる指導があるからだ。

4◆ステージ上で箒を使って掃いているモノは？

ある店で、一人の男が、ブツブツ言いながらステージを掃いている。よく聴いていると、「ここには♯（シャープ）が、そこには♭（フラット）が落ちている」という内容だった。これは、バンドの先輩に聞いたものだが、面白い話だ。

バンドマンが音をミスったことを皮肉っているのだ。バンドマンにとって、ドキッとする話である。

教師には、こういう間違った指導をしている話はたくさんある。

ダラダラと教室に入り、「今日は、何頁からかいな？」と子どもに聞く教師。「気をつけ、礼」を毎時間日直にさせる教師。恥ずかしくはないのだろうか？

落語家や漫才師がステージに出るときの緊張感、客にとっての期待感を考えると、教室に入ったときの第一声から、子どもたちが集中するよう工夫をすべきだ。

また、子どもに行動させるための「指示」や、考えさせるための「発問」は、子どもが考えやすいように工夫してあるか。ただの思いつきで発している教師が多い。

子どもがせっかく言おうとしているのに、遮ってはいないか？

子どもが集中しないのを、子どもの責任にしてはいないか？

ブツブツ言いながら箒で掃いている男に、笑われないようにしたい。

私は、教頭時代、よく箒を持って教室を掃除した。気の許せる担任の教室には、授業中にも入った。途中で、授業に介入したこともあった。

5◆初見で演奏できる・C調をE♭調に移調して演奏する

私がどのバンドでも重宝されたことは、（上手かどうかは別として）「初見」で演奏できることと、瞬時に移調できる能力であった。

ショーの伴奏をするとき、練習なしでぶっつけ本番で演奏することがあった。この場合、初見で演奏することになる。

また、ピアノ用の楽譜しかない店もあった。ピアノ用の楽譜の場合、私が演奏するアルトサックスでは、三度上に移調しなくてはならない。時間があれば楽譜を書き直すことも可能だが、時間がないとその場で移調して演奏しなくてはならない。

初見は、中学時代に鍛えられていたので、特に問題はなかった。しかし、移調となると、そう簡単にはいかなかった。そこで、ステージに出ない時間に、少しずつ、少しずつ、移調して練習をした。かなりの時間をかけて、少しだけ演奏することができるようになった。慣れてくると、間違えずに移調して演奏することができるようになった。また、ステージの上だと、緊張感が高まるため、練習の時よりも早くできるようになった。

教師で言えば、次のような経験がある。

教頭になって、急に担任が休んだとき、また急な用事ができて担任が教室を空けなくてはならない場合。もちろん、お茶を濁すこともできるが、私はその道を取らなかった。

つまり、職員室で教科書を手にとって、教室までの廊下を歩いている中で、授業の展開を考えるのである。あるいは、教室に入ってから教科書を受け取り、その場で授業を組み立てることもあった。もちろん、上手なものではないが、子どもたちがダレないような授業はできた（と思う）。中には、そんなのは授業とは言えない、という教師もいるが、私にはその時の緊張感がたまらなかった。

6◆休んだキーボード奏者の代わりもする

十三人編成の大きなバンドでは自分が担当する楽器しか演奏しなかった。ただし、大きなバンドでのサックス奏者は、クラリネット、ソプラノサックス、フルートも曲により時々担当することもあった。

四人程度の小さなバンドでは、たとえばキーボード奏者が休むと、演奏できるかどうかは別として、担当することがあった。さすがに、ドラムやベースはなかったが、一人で電子オルガンを演奏することはあった。鍵盤楽器は苦手だったので、本当に困った。それでも、仕事の一部と考え、客がいないことをよいことに、ステージで（演歌だけでよかったので、何とか）演奏していた。ホステスさんたちはどう思っていたのだろう。まあ、まともに聞いてはいなかっただろうが、その時の恥ずかしいことと言ったら、顔から火が出るようだった。

教師の仕事では、「5」で述べたことと似たような状況である。いくら自分の専門教科や得意な教科ではなくても、急な場合は授業をせざるを得ない状況がある。

教頭の時は、どの学年でも、どの教科でも急に担当することがあった。もちろん、四十五分間全部の授業をすることはあまりなかったが、できるような顔をして、子どもの前に立つことは何十回もあった。子どもたちは、「変だぞ?!」と、見透かしていただろう。

この場合、「私には無理だ」「急にできるはずがない」などと、いい訳はできる。また、他の職員も、そこまで要求することはない。それでも、どうすることが子どものためになるかを考えると、いくら恥をかいても、やらざるを得なかった。自分の気持ちが収まらないからだ。

とにかく、子どもが喜ぶことを、瞬時に考えた。こういう場合、法則化シリーズで学んだり、ＴＯＳＳのセミナー等で仕入れたものが役に立った。

７◆ぶっつけ本番は当たり前

普段から演奏している曲なら、練習もできるから大丈夫だ。しかし、大きなキャバレーでは、ショーがつきもの。その場合、リハーサルがあるのは、有名な歌手か、マジックショーのようなタイミングが重要な場合のみ。後は、ぶっつけ本番がほとんどだった。

事前に楽屋で楽譜をもらうが、慣れたバンドマンは、ろくに楽譜を見ないで本番を迎える。私は、（五人いる）サックス奏者の一番を担当していた。（三人いる）トランペットの一番と同様、メロディーを受け持つことが多いので、ちょっとしたミスも、許されなかった。だから、本番までに一度はさらうようにしていたが、場合によっては練習なしで本番に臨むこともあった。かなり無謀なことであった。それでも、ほとんど間違うことはなかった。

それが、プロのバンドでは当たり前だった。

教師の場合も、ぶっつけ本番で臨むことはある。子どもの朗読やスピーチへのコメント。何かの事件があって、急に子どもの前で話すこと。

教頭の場合は、校長が急の出張や年休でいない時、代理で話すこともあった。そういう時でも、短時間で子どもたちが飽きないような話をすることを要求される。

普段から、ＴＯＳＳでは定番の「三十秒スピーチ」等で慣れておくことである。話の途中で、「えー」や「あー」などと言っているようでは、子どもたちは聞いてくれない。

8◆ドラマーが逃げ出す厳しい歌手 ~怖いお客にも笑顔で対応する

W・A子という有名な歌手が、私が勤めている店にショーで来たことがある。店には二つのバンドがあったが、二人のドラマーは、休みをとった。正確に言うと、その日だけ逃げたのだ。それだけ、その歌手がドラマーに要求するレベルが高かったようだ。しかも、昭和五十年前後、その要求の仕方は半端じゃなかったそうだ。私は、店の端っこでリハーサルを観ていたが、確かに、リズムに（かなり）こだわっていることが伝わってきた。さすが、リズム&ブルースの女王である。

学校に、そんな怖い（？）お客が来ることはない。しかし、このご時世である。保護者や地域の人が、怖い存在になることはある。この場合担任ではなく、教頭が対応することになる。

教頭は、逃げるわけにいかない。私の場合、（たとえひきつってでも）笑顔で対応した。まずは、挨拶をして、様子をうかがう。世間話から入れたらよいが、会ってすぐに本題に入られると、苦しくなる。感情的に、しかも一方的に話してくるからである。それでも、相手の言うことには素直に応じ、まずは認めるしかない。この時に、理詰めで自分（学校側）の正当性を主張すれば、相手は感情的になってしまい、まとまる話もまとまらない。

教頭は、とにかく校長が出る前の壁にならなくてはならない。もちろん、部下の壁になることは言うまでもない。

9◆生意気な歌手には本番でひどい仕打ちが待っている

キャバレーにショーでやってくる歌手の中には、随分生意気な者もいた。名前は出さない（こういう歌手は、いつの間にか消えてしまった）が、打ち合わせにも来ない（マネージャーに任せる）、来ても大きな態度で言うような歌手には、本番でひどい仕打ちが待っている。

わざとキーを変える。ピアノで、ボロローン♪と和音（コード）を演奏してから歌い始める場合、違う和音が奏でられると、当然歌手は歌えない。あるベテラン女性演歌歌手は、バンドの方をきつい顔で睨んだ。

また、楽譜を逆さにして、その通りに演奏したこともあった。もちろん、まったくデタラメな曲（？）になってしまう。とにかく、生意気な歌手に対しては、結構ひどい仕打ちをしていた。


教師の場合は、一応公務員なので、そのような仕打ちはない（と信じている）。

もしも可能性があるなら、若いのに生意気な態度をしている場合だ。そんな教師には、分からなくて聞いても教えてもらえなかったり、自分の研究授業のとき、厳しい指導を受けることがあるかもしれない。

そう言えば、私が新規採用の頃、指導主事が来たときに限って、事前の校内協議では何も言わずに、指導主事の前で「待ってました」とばかり手厳しい指導（？）をする女性の先輩教師がいた。きっと、普段から私が生意気だったからだろう。

10◆見かけと違う歌手たちの素顔

これとは反対に、有名歌手なのに、低姿勢の歌手もいた。「スター」と呼ばれているN・Aは、トランペット奏者だからだろう、バンドマンとは親しくしていた。また、言葉遣いもていねいだった。たしか、菓子箱まで持ってきてくれた。

また、コメディアンもできる、K・N子は、始めマネージャーと間違えたほど、テレビの顔とは違って可愛かった。リハーサルに来たのが本人とは思えなかった。ステージの上で歌を聞いて初めて、本人だということが分かったほどだ。当時も人気者だったのに、低姿勢だった。今でも、尊敬している。

教師もそうありたい、と思っていた。子どもや保護者の前では、いわゆる教師の顔でよい。しかし、業者の前や、学校以外では、低姿勢でいる方がよい。教師は、ちっとも偉くはないのだから。

偉いかどうかは、相手が決めることで、自分で自分のことを偉いと思うのはどうかしている。

謙虚であれば、人から嫌われることはない。そう言えば、有名な先生や力のある先生は、謙虚であることが多い。「実るほど頭を垂れる稲穂かな」の格言通りである。

11◆毎日見ている顔なのに、知らない人？（化粧の効果）

その当時のホステスさんの顔は、素顔とはかなり違っていた。

ある日、私がお世話になっているトランペット奏者の家に遊びに行った。遊びと言っても、ジャズのレコードを聴かせてもらうためだった。一通りレコードを聴かせたもらった頃、その方は外出された。残っていたのは、奥さんだった。食事を作ってくれたので、遠慮なくいただいた（この時、後で述べるサラミソーセージの勘違いが起きた）。私は、初対面だと確信していたので、丁寧な言葉遣いをしていた。何回か話すうちに、「どうして、そんなに他人行儀な言葉を使うの？」と言われた。私は、「それは、～」と言葉を濁した。恥ずかしかったのだ。

そのうち、「少し外で待ってくれる？」と言われ、玄関口で待っていた。すると、化粧をしていた部屋から、見慣れた顔が出てきた。いつも一緒に演奏している、歌手だったのだ！

素顔だったので、全く分からなかった！

化粧で、こんなに顔が変わるのか！　と頭の中が混乱した。

学校では、こんなことは滅多に起きない。あまり濃い化粧はしないからだ。学校がそういう場所だからだろう。保護者の方を間違えたことは、ある。お母さんの中に、きれいに化粧をされる方がおられ、たまに素顔で来られたときに分からなかったことがある。

個人的には、そういう化粧をよいと思っている。

プロの教師として、お金をもらって子どもの前に立つのである。少しの化粧は必要と考える。男性の場合は、ヒゲを剃り、髪を整えるくらいは最低必要だ。

12◆目の前で傷害事件！ 〜パトカーが店の前で待機

当時は、暴力団の組員が、広島から福岡県に移っていた。そのせいか、ある店では傷害事件が続き、パトカーが店の前に常駐している状況だった。一度だけ、私の目の前で事件が起きた。すぐに警察官が来たが、とても怖かったことを覚えている。バンドマンには何の影響もないが、精神的にはかなり参った。近くの学校付近でも、発砲事件が起きていた。

学校でも、いろいろな事件が起きる。都会だけでなく、田舎でも同じようなことが起きている。学校は安全である、という神話は崩れ去り、何が起きてもおかしくない所まで来ている。ある県の中学校には警察OBが駐在していて、生徒への指導をしている、と聞いた。そこまで来たのか、という気持ちになった。

ところで、後の項で述べるような経験をしていたので、子どもたちはもちろんのこと、保護者も怖いと思ったことはなかった。中には、子どもたちを恐れている教員もいたが、集団を相手にしない限り、子どもは怖くない。喧嘩には慣れているつもりだ。子ども相手の喧嘩では、まだ負けたことはない。

13◆ステージの上で、立ち回り

先の話とは別の店で、立ち回りをしそうになったことがある。

若い客がマネージャーを通さずに、いきなりステージに上がってきて「○○（曲名）の伴奏をしろ」と言う。いくら相手がお客でも、伴奏をするには、それなりの手続きが必要である。そこで、「伴奏を頼まれるときは、マネージャーを通してお願いします」と筋を通すと、「なにい！」と刃物を出して脅そうとした。内心恐ろしかったが、「筋を通してもらわないと、受けられませんから」と押し通した。

すると、客席にいた若者の上司（？）が、「やめておけ。ちゃんと筋を通せ」と言ったので、若者はステージから降りた。私は、心臓がドキドキした。

小学生が相手でも、なかなか手強いこともある。

ある学校では、若い女性教師が、二年生の男子数名に泣かされていた。また、四十代男性教師と五十代の女性教師が「男子に、じじい（ばばあ）と言われました」と言いに来た。子どもに負けているのである。

私は、たとえ子どもであっても、喧嘩は買うし、必ず勝つ（場合によっては、わざと引き分けにすることもある）。

私の勤務校ではなかったが、四年生の男子が教頭に「死ね！」と言ったそうだ。その教頭は、何も言わずに聞いていたそうだ。私なら、こういう言葉は決して許せないのだが……。

モノを隠す、相手を傷つける、窓ガラスを割る、壁を壊す……。こんなことは田舎の小学校でも当たり前のように起きている。

危機管理という言葉がある。公的機関の研修では様々なことを聞いたが、最後は子どもが学校や教師を信頼しているかどうかだ。もちろん、保護者も同様である。

その最大の武器は、授業である。それも、子どもたちに学力をつけ、楽しいと思えるようなもの。「またやりたい！」と子どもたちが言うような授業である。そうでない限り、いくら手を替え品を替えても、子どもたちは変わらない。教師に反抗するだけだ。

ただ、近年は、向山洋一氏が命名した「新型学級崩壊」が全国で広まっており、授業力だけでは対抗できなくなっている。学校ぐるみ、地域ぐるみ、また、専門家を巻き込んで対応する必要がある。

14◆教えて欲しけりゃ一杯飲め ～先輩のありがたさ

例の裏飯屋で先輩バンドマンに、演奏上の技術について聞いた。すると、「教えて欲しけりゃ、（焼酎を）一杯飲め」と言う。本当は飲まずに練習をしたいところだが、教えて欲しいので、一杯飲んだ。すると、教えてもらえた。そこで、「ついでに、もう一つお願いします」と言うと、「じゃあ、もう一杯」となる。

当時の焼酎は、今のように上品なお酒ではない。焼酎飲みはアル中、という代名詞もあったほどだ。九州では焼酎が当たり前のように飲まれていたが、山陰出身の私には、ちょっときつかった。それでも、教えて欲しくて、無理に飲んでいた。酔うことは（練習ができなくて）残念だったが、仕方がなかった。

学校でも、こういうことはあっただろうか。残念ながら、私には経験がない。

その代わり、若い仲間に「塾」という形で教えていた。「一杯飲んだら」とは言わないが、聞かれたらいくらでも教えることにしている。それは、私自身が、若い頃にずっと先輩にお世話になってきたからだ。

高校生の頃、社会人の吹奏楽部でも、先輩には大変お世話になった。演奏上のこともだが、学生だったためよく食事をおごってもらった。いまでも、心より感謝している。今では、若い仲間に、そのお返しをしている。回り回って、次の世代に引き継いでくれることを願う。

15◆同業者には教えない、見せない　~隠し財産にする

バンドマンの中には、決して教えてくれない人もいた。トランペット奏者が同じ楽器の先輩に聞いたら、その時以来、楽器をハンカチで隠すようにして演奏するようになったそうだ。プロの場合、相手に教えたら自分の席がなくなる心配もあるので、同じ楽器の奏者は教えてくれないのが常識だった。

私の場合、若かったからか、田舎者だったからか、数名の同じ楽器の奏者からも教えてもらえた（ただ、他の楽器の先輩から教えてもらえる人数よりは、少なかった）。やはり、誰も自分のことが可愛いのである。私に一番よく教えてくれたのは、スリースターというアルバイトサロンのバンドマスターだった。スズキさんという二十歳くらい年上の方だった（パチンコ店の前では耳をふさぐように教えてくれた人）。平成十九年の北九州大学ジャズ研の定期演奏会の時、まだボランティアで演奏しておられるという情報を聞いた。この方は家に招いてくださり、食事やお風呂を頂いたこともある。チャーリー・パーカーというジャズの神様の演奏が大好きで、コピーした楽譜も数枚下さった。今でも、この方には感謝している。

学校でも、なかなか教えてくれない。

ただ、教師の場合は、自分に自信がなくて後輩に教えることができない場合が多いようだ。中には、偉そうに理論をしゃべる人もいる。実践が伴わないし、子どもたちの様子を観れば一目瞭然なので、私は相手にしなかった。

新規採用の頃、母親のような年齢の先生からは、細かいことをいろいろ教えていただいた。今考えると、間違っ

たこともあるが、男性教諭は酒の飲み方（それも、汚い飲み方！）くらいしか教えてくれなかったので、この女性教師には今でも感謝している。

ところで、向山洋一氏は「教育技術の法則化運動」によって、全国から教師が持っている技術を集め、自身のものも含めて公にされた。

ここから、戦後の日本の教育界が大きく変わっていったことは、間違いない。当時の若い教師たちが、全国津々浦々から法則化運動に参集した。私も、その一人である。

「千年紀」という言葉を使われること、ＴＯＳＳランドの開設を見ても、隠し財産とは全く反対の方向であることは明らかである。

16◆休憩中。お酒か練習か

バンドマンの休憩中の過ごし方は、次の二つに分かれる。

Ａ、お酒を飲む（年寄りに多い。世間話をする、博打をする）

Ｂ、練習をする（ジャズが好きな、若者や学生に多かった）

私は、当然のように、後者であった。バンドマンは、お店で六時間拘束される。二つのバンドが交代で演奏するので、演奏時間は正味三時間。あとの三時間は、休憩である。その三時間の使い方は、重要であった。

私は、バンドマンになった頃は、腹筋を鍛えた。広い店の奥まで自分の音を届かせるには、楽器（マウスピース、リード等も含め）をジャズに相応しいものに替えることも必要だが、体も改造（？）する必要があった。

バーベル挙げ（なぜか、楽屋に置いてあった）、腕立て伏せ、店の近くの陸橋を何度も昇降する……。とにかく、腹筋を鍛えることを重視した。そこには、先輩のアドバイスがあったはずだ。

疲れたときは、ジャズのテープを聴く。他の方に迷惑にならないよう、イヤホンで聴いていた。また、新米の時は、楽譜をステージから持って降りて、練習していた。

教師で言えば、休憩中に何をするかというよりも、土日や祝日、それに勤務終了後をどう過ごすか、であろう。私は、結婚後すぐに同僚と二人でサークルを立ち上げ、その後、法則化~TOSSと三十数年を過ごしてきた。パチンコ・ゴルフ・麻雀等の道もあったろうが、サークルに打ち込んできた。

サークルに入らない教師は、土日に何をしているのだろう？　家庭のこともあろうし、地域の行事もあろう。趣味が大きいかも知れない。私も、家庭や地域のことにも、多少は参加している。三人の子どものＰＴＡや部活の応援に参加していたこともある。

採用された一年目の夏に出雲市内にアマチュアのジャズバンド「出雲ＢＢＭ」ができ、代表の熱田修二氏（元、プロのジャズミュージシャン、現楽器店会長。一時期、家業の楽器店の経営に専念されていたが、社長引退後、プロミュージシャンに復帰）に誘われ、数年後に解散するまで所属していた。月に一回の練習だったと記憶している。しかし、教育サークルとの両立は難しく、途中でバンド活動はあきらめることにした。

17◆テレビ放映の本番中に熟睡するピアニスト

その当時、地方のテレビ番組への出演依頼も何回かあった。全国放映の番組もあった。ある有名な番組に出た時、ピアニスト（当時同じバンドにいた）が、本番開始寸前だというのに、ピアノにもたれて寝ていた。東京から来ていた指揮者は、困った様子だった。肝が太いと言えばそうだが、困った人だった。よい人だったし、可愛がってもらえたが、結局このことが引き金になってか、そのバンドを去ることになった。アル中だったのだ。酒がないとピアノが弾けないと言って、いつも飲んでいた。この時も、本番前に飲んでいて寝入ってしまったのだ。

教師の中にも、職員会議中に居眠りをする人がいる。私も、時々眠くなる。島根県の場合、多くの学校では月曜日の午後に職員会議を開く。疲れているので、眠くなるのも無理はない。

私は、教頭になってからは、ずっと司会を務めているので、眠ることはない。しかし、眠くなってあくびをこらえることは何度もあった。

そうそう、教育実習の時、職員会議に参加させてもらったのに居眠りをしてしまい、後で教務主任の先生から大目玉を食らったことがあったな。

18◆ガッチャンを買ってこい　〜使いっ走り時代

私がバンドの見習いの頃は、使いっ走りをしていた。「煙草を買ってこい」「はい！」「ビールを買ってこい」「はい！」「ガッチャンを買ってこい」「ハァ？」「ガッチャンだ」「何でしょうか？」

近くの先輩が、「ワンカップだよ」と教えてくれた。とにかく、先輩方の言われることを守った。こういうことを通して、可愛がってもらい、いろいろ教えてもらえた。

実は、この「ガッチャン」を愛好していた方が、例の居眠りするピアニストであった。

教師の世界には、あまり使いっ走りは見られない。新卒時期には、自分からそのような行動をする若者を見たことはある。私は、朝一番に登庁し、先生たちの机の上を毎朝拭いていた。

私たちＴＯＳＳのサークルでは、若者が走り回る。会場準備、コピー、飲み会……。その分、可愛がられるので、教師としての成長も早い。私は、バンドマンの活動で「ボーヤ」のような時期を過ごし、それが後々役に立ったので、出会った若者には伝えている。二十代のうちは、先輩の言われるように動いて、学んで、可愛がられるように、と。

19◆「いい育ちだねえ」～鼻水編、サラミソーセージ編

私の実家は、サラリーマン家庭であった。父親はある紡績会社の工員だった。どう考えても、普通以下の暮らしだった。

バンドマンをしているとき、二人の人から「いい育ちだねえ」と言われたことがある。

一度目は、休憩中に鼻をかんでいた時だった。楽屋ではバンドマンが十名以上いる。また、楽屋は狭いし鼻を噛む音はきれいではない。部屋の隅っこに行って、音をさせないようにかんだ。すると、例のピアニストが、「いい育ちなんだねえ」とほめてくれた。恥ずかしい思いで一杯になった。おそらく、私が子どもの頃、祖母がしつけに厳しかったので、その時の習性がそうさせたのだろう。嬉しいような恥ずかしいような気持ちだった。

二度目は、お化粧で別人に思えた女性だった。サラミソーセージを知らないと言ったら、「いい育ちだねえ」と言われた。実際は、そうではなく、サラミソーセージを食べたこともないほど、貧乏だったのだ。それを勘違いして、このように言ったのだ。この時は、うんと恥ずかしかった。

教師は、「よい育ち」の方がよい。本当にそう思う。ある教育者も、そう言っている。育ちがよい教師は素直で謙虚である、というのが理由である。それは、私にも分かる。育ちがよくないと、ひねくれる可能性が高い。私がそうである。

担任している子どもは、教師に似てくる。よいことも、そうでないことも。素直で、賢い子どもにしたければ、自分がそうなるしかない。私の場合、育ちはよくなかったと思うので、少しでも向上していくしかなかった。また、素直になるよう、これからも努力する必要がある。

20◆無理のし過ぎは、よくない

若い頃は、夜の仕事も苦ではなかった。それどころか、自分の体に合っていると思った。現在夜の仕事をしている長男も、そんなことを言っていた。しかし、自然の営みとは違うので、いつか無理がくる。バンドマンの勤務は、夕方六時から十二時まで。

二つのバンドが入っていたので、演奏する時間は、半分の三時間。後の三時間は何をしようが勝手だ。このことは、既に述べた。

ちなみに、二つのバンドが交代するときも、曲は連続して流れている。「今から、バンドを交代します」などとアナウンスをして隙間を空けるわけにはいかない。お客様がいるからである。

ある店では、「マイルストーン」、別の店では「カミンホームベービー」という曲で交代した。ドラムの交代は一台のセットで行うので、少しのテクニックが必要だが、他は楽器が別なので少しずつ交代していく。聴いている方には、全く途切れることがない。

教師の場合、夜の勤務と言えば、事故・事件を除けば、緊急な職員会議（生徒指導関連）、保護者との面談、修学旅行等の宿泊が主だ。自主的な残業は、論外である。

八時間勤務の後なので、やはり体によくない。だんだん、頭の中がボーッとしてくる。それでも、仕事の一環なので、何とか踏ん張る。

中学校の場合は、部活があるため、残業は当たり前のようだ。翌日の授業は大丈夫だろうか、と心配になる。

私も若い頃は、八時、九時まで残っていた。それが、楽しい時期もあった。しかし、一度目は腎臓、二度目は大腸を煩った。無理のし過ぎは、よくない。

21◆深夜の営業一時から五時まで　～夜更かしは健康によくない

夕方からの仕事をしていると、「ナイトクラブでバイトしないか」と誘いがあった。アメリカでジャズを勉強したい、という夢（まだあきらめていなかった）があったため、お金はいくらあってもよい。惑わず受けることにした。当時、何十万円か貯金はあったが、欲が出たのだ。

夕方六時から十二時まではキャバレーで。その後夜食を食べてから、ナイトクラブに行く。早朝の五時まで。その後、始発電車でアパートに帰る。他の人が「行ってらっしゃい」「おはようございます」と交わしているときに、心の中で、「帰りました」「お休みなさい」と言っていた。人とは反対の生活をしていたのだ。もちろん、この頃は、大学にも行っていなかった。五回生で、教職の単位をいくつか取得するだけだったので、週に一日程度しか行っていなかった。

数ヶ月経った頃、体調が思わしくなくなり、卒業を前についにステージで倒れてしまった。本当は、もっと前に、健康上の理由で辞めさせてもらうようにお願いしたが、バンマスには他の店に行くための口実と思われていたようだった。倒れることがなかったら、夕方のお店は辞めさせてもらえそうになかった。救急車を呼んでもらい、病院に向かったことで、どうやら本当のようだ、と認められ（?）辞めることができた。現在のお金で数十万円もらっていたので、仕方のないことだった。

教師は子どもたちに、健康のために早めに寝るように言う。夜更かしがどんなによくないかは、私が体験している。やはり、人間は（生き物は）太陽と共に生活するのが一番よいようにできているようだ。

早寝早起き。教師になったとき、「これで、健康的な生活ができる」と喜んだことを覚えている。

22◆休むなら、腕のいい代理を

キャバレーは、年中無休がほとんどだったため、泊まりの旅行もできない。

何かの理由で休むことがある。その時は、自分より少し腕が上の人にお願いする。そうしないと、慣れない店で、楽譜も初見が多いので、役に立たない。特に、一番トランペットと、（私が担当していた）一番アルトサックスは、主旋律を演奏することが多いので、（給料が高い分）代わりができるミュージシャンも少ない。その上に、自分の日給に少し上乗せして払わなくてはならないので、痛い。「トラ」と呼んでいた。「エキストラ」が、短くなったらしい。

ある店では、大晦日だけが休日だった。何でも、ホステスさんに紅白歌合戦を観てもらうためのサービスとか？

教師の授業力にも、似たようなことがある。向山洋一氏によると、授業を参観して「同じくらいだな」と思ったら、相手が自分より少し上だそうだ。

子どもたちに迷惑を掛けないようにするためには、飛び込みや補欠授業で行く時、担任より少し上の腕前の教師が行かないと、子どもたちは満足しないのでは？

そんなことを考えた。

23◆昼はパイプ作り、夜はバンドマン、本職は何？（超驚き）

こんな男がいた。聞いたところによると、本職は鉄道会社で修理の仕事をしているらしかった。しかし、本人の弁によると、昼間は仕事をせずに空いている貨物列車（もちろん、動かないことが確実な）の中で、終日喫煙用のパイプ作りをしている。そして、夜になると、店に来てバンドマンをしている。その上に、小遣いをくれる女性がいるとか。ミュージシャンとしての腕前は、まずまずだった。上手ではないが、下手でもない。かと言って、アドリブがうまいわけでもない。強いて言えば、二流の上の腕前か。

教師の中にも、似たような人はいる。

ある女性教師の休憩中の話題は、財テク（これは、二十年くらい前の話）。とにかく、給料をどう増やしていくか、に興味が行っていた。

よくいるのは、休憩中にスポーツの話ばかりしている男性教師。野球、陸上、サッカー、バスケット、テニス、相撲……。一体、どの種目が自分の得意分野？　と聞きたくなるくらい、スポーツ全般に詳しい。自分の子どもが何かのスポーツで活躍していれば、まるで自分のことのようにしゃべりまくる。

ゴルフが趣味の教員は、なぜか得意げに話す。お金がかかるし、高級な趣味に思えるからだろうか？

さすがに、パチンコが趣味の教員は、大きな声で言わず、少人数の時に「この前、ちょっとした小遣いができて」みたいな自慢をすることが多い。不思議なことに、お金をたくさんすったようなことは言わない。

女性に多いのは、スイーツやオシャレの話。

まあ、趣味程度なら許せるけど、財テクの話にはついて行けない。それなら、教員辞めて、そっちで生きていけば、と言いたくなる。

24◆昼はバイト、夜はバンド修業（ここから東京編）

小倉で少しは自信がついたため、（東京で修業したい）という思いが募ってきた。大学四年生の秋、就職は内定していたが、どうしても腕試しがしたくなり、ゼミの教授にお願いして、休学して上京した。中学時代の先輩の紹介で、赤坂の高級キャバレーの一番アルトサックス奏者の世話になった。ヒゲの似合うオシャレな方だった。アメリカで修業しただけあって、音色もノリもご機嫌だった。優しく教えてくれるので、田舎者の私にとって、師匠に相応しい方だった。ただし、こちらから聞かないと何も教えてはもらえなかった。当たり前と言えば、当たり前のことだが……。

そこでは習うだけなので、もちろん無給である。月謝がいらないだけでも有り難かった。

当然、アルバイトをしなくてはならない。アルバイト雑誌で食事がついているところを探した。食事代がもったいないし、食事を作る時間も惜しいからである。すぐに、有楽町の中華料理店に決めて、面接を受けた。長髪だったことが問題だったが、バンドの修業中ということで、許してもらえた。

アパートは、従弟が川口市に住んでいたので、そこの近くのアパートを見つけた。川口から、有楽町までは京浜東北線で通った。通勤用の定期券の費用もいただけたので、ラッキーだった。

教員は公務員なので、バイトはできない。子どもにピアノを教えている教員や、僧侶や神官を兼ねている教員も昔はいたようだが、今では聞かなくなった。

バイトではないが、サークルの例会やセミナー等で修業をする教師がいる。お金にはならないが、時間を有効に使って自分を磨くのである。

25◆一日五百円の生活費

東京でバンドの修業をしていたときは、一日の生活費が五百円だった。バイトは、JR有楽町駅付近の中華料理店。そこで、十時から三時まで皿洗いのバイトをしていた。給料は、十万円程度。そこから、川口市のアパート代と光熱費等の諸経費を引くと、一日五百円がギリギリの生活費だった。一応、ミュージシャンを目指していたので、ジャズも聴きたかった。赤坂の店でも、ビッグバンドの生演奏は聴けたが、やはり有名なレコードも聴きたかった。そこで、時々ジャズ喫茶に行って、名盤のリクエストをした。そうすると、最低でも三百円払う。残りは、二百円。これは、バイト先から赤坂までの地下鉄の往復料金でほとんど消える。だから、ジャズ喫茶に行った日は、夜食はなし。

教職は公務員なので、贅沢はできないまでも、右のような生活はしなくてもすむ。給料の多少よりも、使い方が問題だ。

教職に就いてから、独身だったのは一年と二ヶ月だけ。二年目の六月に結婚したので、あまり自分で給料を使った記憶はない。独身時代も、ピアノと車のローンを払っていた。

結婚後、給料は全額妻に渡す。そこから、小遣いをもらう。本代と飲み代で、ほんとど消える。教授学研究の会の時も、全国的な研究会やセミナーに参加していたが、法則化に入ってからはさらに出掛けることが増えたので、本代とセミナー参加費プラス交通費（東京に飛行機を使って一泊で行けば、五万円はかかる）が中心になった。それに、飲み代も加わるが、義理で付き合いをしていた飲み会にはあまり参加しなくなった。

元々、無駄遣いはしない方だったが、法則化に入ってからは、益々その傾向が強くなった。

給料をもらった分、有効に使わなくては申し訳ない。多少の蓄えは必要だろうが、生きたお金を使わなくてはもったいない。

長女が短大に入るまでは、小遣いも多かったし多少の預金もしていたが、学資が増えたり複数のローンを組んでからは、貯蓄する余裕はないし、開き直って（！）有効に使っている。

26◆朝食はラーメン、昼食はまかない、晩ご飯は？

中華料理店で、十時にラーメン（これが朝食）、昼のラッシュが終わって二時頃に賄いの食事（昼食）。これが、一日の食事だった。夕食は抜いて、夜食を深夜一時頃に食べた。夜食は鍋でご飯を炊いて、のりの佃煮を添える。これが、ディナーだ。それでも、まだましな方だった。給料前は、このディナーも抜いた。とにかく、腹が減っていた。食べ盛りだったので。


今なら、こんな生活は健康上よくないことは分かり切ったことだが、当時は仕方なかった。それでも、病気にはならなかった。後に深夜まで働いたことが響いて救急車にお世話になったり、卒業後に静養しなければならなかったのは、この頃の不摂生のせいだったかも知れない。

子どもたちにも、この当時の生活ぶりを話すことがある。どう考えても、よくない生活の見本だった。ただし、職業によっては様々な生活のパターンがあるので、それはそれで、睡眠時間や食事の内容を工夫する必要性を話している。

27◆ステージで泣いた新人歌手

赤坂のお店には、有名な歌手も出演していた。元々、このバンドは、Ａ・Ｍというベテラン歌手が専属で、この歌手の地方公演について行っていた。

その店のステージで、ある新人歌手が泣いたことがあった。たしか、二番の出だしでとちったため、最後まで歌えなかったのだ。悔しかったのか、この新人歌手はステージで泣いてしまった。私は、店の奥で観ていたが、歌手がステージから袖に隠れると、厨房のスタッフが慰めているのが見えた。

私はそれから数年経って、この歌手のファンになった。今でも、車の中でＣＤを聴く度に、この時のことを思い出す。


誰でも、駆け出しの時代があり、恥ずかしい思いや間違いで、泣く（泣きたい）ことがある。そういう期間を経て、一人前になる。もちろん、この時のように、周りの方々の助けがあって、救われることもある。私も、ずっとそうだった。多くの方々に助けられて、今日がある。

私は、本当によい人生を送ってきた、と感謝している。

28◆師匠の音と間違えられるほどに似る（コピー）～授業で言う追試

私はバンドが赤坂にいるときは早めに店に行き、練習をしていた。

ある日、いつものように練習していると、「○○さんはどこ?」と聞かれた。

私は、「まだ来ておられません」と答える。

すると、「そんなはずはない。○○の音が聞こえたのだから」重ねて、「師匠は、まだ見えておられません」と言うと、少々怒ったような言い方で、「○○の音を聞いたのだから、来ているに決まっている！」と言われた。

私が困った顔で「私しか来ていません」と言うと、「お前が吹いていたのか」と言う。「はい」と答えると、「じゃあ、吹いてみろ」。早速中断した練習を再開すると、その方は絶句した。

私の音を、師匠の音と間違えられたのだ。それほどに、私は師匠の音を徹底的に真似ていたのだ。

東京で、このアルトサックスの師匠に教えていただいたことは、本当にラッキーだった。人としても、尊敬できる方だった。

教師も同じである。ジャズでは、「コピーする」という言葉で、あるミュージシャンの音やフレーズをそっくりそのまま演奏する修業をする。

教師の場合、声、言い方、発問・指示、ひいては生き方まで真似をする。このことは、その後広島市内の珈琲専門店のマスターを真似するときも同じだった。

本当に学ぼうと思ったら、「よいとこどり」ではなく、丸ごと真似ることが必要である。これは、我が師匠、向山洋一氏が何度も言ったり書かれたりしている。

中には、この部分は誰それの、違う部分は別の人のを、という器用な（？）教師もいる。しかし、いろいろな人のいいところをとっても、しょせんは上辺だけの真似で終わってしまう。

本当によいと思うなら、とことん真似をすることを勧める。

29◆一流の楽器を持つ　～よい教材・教具が授業を左右する

私の楽器は、小倉時代の先輩に博多の中古楽器店を紹介してもらい、アルトサックスの中古（プロが使っていたようだ）を買った。それを今でも使っている。一度、大学の古い部室が焼けたときに火災に（！）遭い、メッキも含めオーバーホールをした。また、東京で修業している時に、師匠から「俺の新品と交換してくれないか」と言われた。今なら、「はい」と言って交換したが、その時はお断りした。何でも、私の楽器の真鍮は、その当時の新品にはない良質のもののようだった。

私がバンドマンをしていた当時は、サックスと言えば、「セルマー社」が有名だった。多くのプロミュージシャンが愛用していた。ただし、同じセルマー社の楽器でもランクがあり、プロ中のプロは百万円単位の楽器を使っている。私が使っていた楽器は、当時新品で五十万円くらいの値段だっただろう。

教師にも同じことが言える。授業の腕がよいに超したことはないが、腕の不足を補うために、一流の教材・教具を見つけて使うことだ。

教材・教具は一流のもの、本物を使う。

特に、毎日使う教材・教具には、神経を使うべきだ。
テスト類、ドリル類（現在では、スキルが多くなった）、跳び縄、鉄棒の補助具等。
よい教材・教具は、子どもが集中する。そして、教室がシーンとなる。手前味噌だが、ＴＯＳＳ教材、東京教育技術研究所で販売している教材・教具は、どれも優れている。向山氏が、こだわって開発したり、推薦しているものだから、間違いない。安心して、子どもたちと使うことができる。

30◆若いバンドマンと夜の付き合い

東京の店には、私と同じような年齢の若者が二人いた。二人はお金をもらって演奏していた。年齢も兄貴分に当たる。時々、夜食やコーヒーを私におごってくれた。東京に同年齢の友人がいなかった私には、そのことは大変有り難かった。

ただし、その付き合いも、だんだんと東京流（?）になり、金銭的にも、精神的にもついていけない状況になって行った。人は悪くないのだが、私が田舎者と思ってか、要求がエスカレートしてきた。最終的には、その付き合いに耐えられなくて、バンドを辞めることになった。

付き合いは、教員にもある。麻雀、ゴルフ、パチンコ、食事、飲み会……。どれも悪くはないが、明らかにムダな時間と思えるものは、断ってきた。若い頃はパチンコも好きだったが、十数年前からは金銭的にも時間的にもできなくなった。麻雀やゴルフは、元々向いていなかったようで、麻雀は付き合い程度、ゴルフは全くしたことがない。

食事会の付き合いはほとんどしないが、飲み会はたまに付き合う。それも、TOSS関係や、どうしても外せない（職場や自治会関係の）飲み会と連続にならない程度で。二日間連続の飲み会は体に悪い。大腸の病気を患ってからは、特に気をつけている。

31◆辞めるきっかけは「薬」と「教育書（しいのみ学園）」

バンドマンを辞めるきっかけは、「薬」だった。詳しいことは書けないが、先の若いバンド仲間に、ある「薬」を勧められたのだ。

私は、自分で言うのもおかしいが、大学に入ってからは、それまでの優等生（頭がよい、というのではなく、いわゆる「いい子」）から脱皮したかった。

落ちるところまで落ちてもよい。

そういうことを考えていた。

だから、小倉でもいろいろあったし、いろいろ挑戦もした。東京でもその延長で生きていたので、少々のことで屈することはなかった。

それでも、この「薬」だけは別格だった。そこまで落ちることには、迷いがあった。

あの手この手で誘われたが、結局断った。これで、仲間に入れてもらえなくなっても、構わないと思った。（今思うと）最後の最後で、踏みとどまったのだ。

それ以降は、バンドを続けるかどうか、迷うようになった。それまでは迷うことはなかったが、先の事件以来、このまま続けるかどうか迷っていた。サックスの師匠にも、相談できないままでいた。

そうこうしているうちに、何故か、山手線神田駅近くの書店で、教育書を立ち読みしていた。

そこで、山本三郎（現在は昇地三郎）著「しいのみ学園」（福村出版）を偶然読んだ。なぜ、この本を手に取ったのか、今も分からない。また、なぜかなりの時間をかけて立ち読みをしたのかも、分からない。何か目に見えない力が作用したとしか思えない。

その本を読んだことがきっかけで、「絶対になりたくない職業」ナンバー・ワン！　の「教職」を目指した。

運命としか、思えない。

第7章

珈琲専門店で厳しい修業!?

1974年6月に松江市で開催された「All Sanin Jazz Festival」で、初ステージ。

教職を目指しても、なりたいからと思っても、すぐになれるわけではなかった。

一年目（大学の五回生）に高校の商業科を数県受けたが、撃沈！

翌年、中学社会科を同じく受験したが、この年も撃沈！

半ばあきらめかけていたとき、広島市内で喫茶店に勤めている従姉の紹介で、喫茶店オーナーの奥様が現職教員だったので、その方に相談した。その折に、

「小学校の方が門が広いので、通信制の大学で小学校の免許を取る方が早い」

との助言をもらう。

そこで、その年の秋から広島市内でアルバイトをしながら、通信教育を受けることにした。選んだ大学は、京都の仏教大学。生活のために、アルバイト情報誌を見て、新幹線口付近にある珈琲専門店に電話をした。すると、

「とにかく店に来なさい」ということで、すぐに尋ねた。

それがきっかけで、アルバイトなのに、ムラムラとお店を持ちたい！という欲（大学で学んだ経営学が生かせる仕事だったから）が出るような修業が始まった。

1◆昼まで持つか？　一日持つか？　一週間持つのは珍しい！

電話をして訪れた店は、いかにも珈琲専門店のように茶色を基調とした、落ち着いた感じの外観だった。そして店内も、カウンターから客席の椅子まで、統一されていた。簡単な面接と説明だけで、「明日から来てくれ」ということになった。

メニューを渡され、「明日までに全部覚えて来るように」と指示された。喫茶店で勤めている従姉に教えてもらいながら、何とか全てのメニューを覚えることができた。

問題は、マスターの話し方である。気のせいかと思っていたが、何だか高飛車なものの言い方であった。相手が経営者であり、こちらは雇われの身だから仕方がないが、学生時代のいくつものアルバイト経験にはない厳しい雰囲気があった。

それは、一日目に分かった。

とにかく厳しかった。矛盾することや無茶なことを平気で要求するのである。もちろん、煮たり焼いたりして食べられるわけではないが、当時の私には予想外のものであった。

それでも我慢できたのは、マスターの持つ、独特の雰囲気だった。「この野郎!」と思う反面、やんちゃ坊主のような可愛い一面もあった。それがたまらない魅力だった。

そして、一週間経った頃、次のように言われた。

「私が厳しいからかも知れないが、バイトで一週間持ったのは、本当に珍しい。中には、半日で辞めた者もいた。お前も、一日持つか、二日持つか、三日持つか、楽しみだった。一週間持っただけで大したものだ」と。

この時は、嬉しかった。何だか、一人前と認められたような気がした。

果たして、今の学校にこのような厳しさはあるのだろうか。

私が教職に就いた昭和五四年当時は、まだ厳しさが残っていた。よいことも、そうでないことも含めてのことだが、校長や先輩の指導には厳しさがあった。指導主事も、そうだった。権威があった。今では、指導主事の方が頭を低くしている。

お金をもらって仕事をするのである。もっと、厳しさがあってもよいと思う。もちろん、その厳しさには、相手を尊重するという前提がある。特に、若い教師には、温かく、且つ厳しく指導して欲しい。その方が、若い教師の将来にきっと役に立つ。それが、一つの伝統となって、次の世代に引き継がれる。

2◆税金を払っていないのに大きな顔で歩くな！

このマスターには、持病があった、十二指腸潰瘍だった。本当は、酒も煙草も（珈琲も！）御法度なのに、我慢できないらしく、時々母親に内緒で、煙草を口にしていた。

そのせいか、時々十二指腸が痛むらしい。そんな時、私にいろいろといちゃもんをつけてくる。

一番に言われたのが、「税金を払っていないのに、大きな顔で歩くな」だった。

別に私は大きな顔をしている訳ではないが、確かに、この時は税金を払っていない。特に、アルバイト料をもらうまでは、税金を払うどころか、商品の消費さえもしていない。

言われたことは厳しいが、別に私のプライドも傷つかないし、腹を立てるほどでもない。ただ、マスターの八つ当たりを聞くだけのことである。

そうそう、このマスターは従業員には厳しいが、お客には非常に優しい。子どものような笑顔で接するのだ。だから、一日に百人を超す常連客が来ていた。小さなお店だったので、これだけでも、何とか経営ができたようだ。母親一人と、二人の小学生、一人のバイト、それに猫一匹を養っていた。

税金を払う、という当たり前の行為を、果たして教員は意識しているだろうか？

何も知らなくても、学校事務の方から給料の明細表をもらっているが、あまり意識していないだろう。明細表には、税金や引き去り等が細かく書いてあるが、細かくは見ていない。

給料明細書は、じっくり見る。

そして、分からないところがあれば、事務主任の先生に尋ねる。

退職説明会に出席して分かったのだが、島根県では退職時に必要になることを見越して、一定の金額が積み立てられていた。自分の給料なのに、分かっていなかった。その場で、恥じた。

振込になる前は、校長室で校長から直接給料を渡してもらっていた。その方が、校長先生にお世話になっている、という実感が湧いた。今では、事務主任の先生から給料表をもらい、金融関係のATMで引き出せば給料がもらえる。

ATMから給料をもらっているようで、何だかおかしな気分である。

3◆手袋でトイレがきれいになるか！　～素手でやると臭くなる！

自分でも面白かった思い出は、トイレ掃除だった。

初めてトイレを掃除した時のこと。

始めは手袋をして掃除をしていた。

すると、次のように言われた。

「手袋をしていて、トイレがきれいになるか！」

そこで、仕方がないので素手で掃除をしていたら、今度は、

「うちは珈琲専門店だ。手に臭いがついたら、お客が嫌がるだろう」

と言われた。

仕方なく、片手だけ手袋をして掃除をしていたら、

「お前は、俺を馬鹿にしているのか！」

と怒鳴られてしまった。

このような、面白い（?）やりとりがあった。

マスターが表面上言いたいのは、

「お店の中をきれいにしろ」

ということだが、本音は、

「俺は十二指腸潰瘍が痛いのだ。何とかしろ」

ということであった。

後で考えると、この矛盾が面白かった。

まるで、禅問答のような……。


トイレ掃除は、普通手袋をして行う。私は、この時のこともあるので、子どもがいないところでは素手で行う。その方が、きれいになる気がする。もちろん、手袋をしても同じような効果があるのだろうが、私は素手派である。

もう一つの「矛盾」について。子どもへの指導の場面で、矛盾することはある。その子どもの状況によってもそうなるし、子どもが違えば指導も違うことも出てくる。

ただ、子どもが迷うような指導では、子どもが困る。また、矛盾した場合は、その理由を説明する必要がある。

そうでないと、子どもに不信感を与えることになる。

4◆人の仕事を見るなんてお前は盗人か？　～やる気があるか？

もう一つ、矛盾したことを言われた。

とにかく美味しい珈琲を入れたかったので、私はジャズで学んだように、マスターの一つ一つを真似た。

立ち方、混ぜる棒の持ち方、ガスを切る時間（時計で計ったら、六十秒だった）、服装……。

カップや皿等を洗いながら、マスターの様子を観ていた。すると、

「お前は盗人か！」

と大きな声を出して、モノを投げてきた。

うまく受け取ると、

「馬鹿にするか」

と叱る。

受け損なうと、

「店のモノを壊す気か」

と言う。

投げなければいいのに……。

一方、カップ等を洗うことに専念していると、

「お前は、やる気があるのか。美味しい珈琲を入れる気があるのか」

と、叱られる。

とにかく、面白いマスターだった。

他のバイトの皆さんはそれを真に受けたから、半日や一日しか持たなかったのだろう。

何をするにも、やる気があるかどうかで大きな違いが出る。

同じものを観ても、やる気がある人とそうでない人とでは、得る内容が全く違ってくる。

新卒教師の指導教官をした時に、そういう場面があった。

その教師は、十年以上講師をして採用された三十代後半の男性だった。そのため、大学を出たばかりの教師と同じではならないと考え、かなり厳しく接した。

ある時は、「新卒なんだから、私が言うとおりにしなさい」と言い、別の時は、「十年以上も講師を経験しているのだから、自分で考えなさい」とも言う。

その教師は真面目だったから、一年間ずっと「はい」と返事をしていた。ただし、私が言ったことを守ったかどうかは、不明である。

本当の素直さは、行動に表れる。

本当にやる気がある教師は、「はい」という返事もだが、何よりも行動に移すのが早い。行動しないのは、素直でない証拠である。

私は、そう考えている。

5◆トーストの切り方 ～厚くても、薄くても叱られる

モーニングセットに使うトースト。始めから切ってある食パンではなかった。六十センチメートルくらいある業務用だった。

刃が四十センチメートルくらいある長めの包丁で、トーストを切る。

マスターが切ると、見事に同じ厚さになる。私が切ると、厚いもの、薄いものと、見事にバラバラの厚さになる。

厚さだけならよいのだが、始めの頃は、トーストの面が平らにはならない。ゴワゴワと言ってよい表面になる。

この時に、一つコツを教えてもらった。

それは、「力で切るのではなく、包丁の重さで切るのだ」ということ。

一本丸ごと自分用に買って（店のものを試させてくれるほど、甘くはない）、練習する。少しずつ、きれいに切れるようになったら、マスターから指導が入る。

厚い場合。「お前は、この店を潰すつもりか！　トースト代だけで大きな損失になる！」

薄い場合。「お前は、お客さんに損させるつもりか。二度と来なくなるぞ！」

つまり、丁度よい厚さでないと、いけない。当たり前のことだが、それができなかった。マスターからの熱い指導のお陰で、約一センチメートルくらいの厚さに切ることができるようになった。

教育の指導で言うと、厳しいだけではない。甘いだけでもない。（本来の意味での）いい加減、適当。

言葉で言うのは簡単だが、実際の指導は難しい。味で言えば、辛すぎず、甘すぎず。

もう一つは、「コツ」ということ。

教育のコツは、向山洋一氏の本から多くを学んだ。

中でも、「子供を動かす法則と応用」（明治図書）には、大きな衝撃を受けた。自分のそれまでの指導が、如何に法則から外れていたか、が分かったからである。

6◆美味しい珈琲にする魔法の言葉!?

マスターの珈琲の入れ方を徹底的に真似をした（つもりだ）が、どこか、味が違う。

同じ豆を、同じ量で、同じサイフォンで、同じ時間で、同じ混ぜ方で、同じような服装で、同じような立ち方で……。

どうしても、マスターの点てる珈琲とは、ひと味違う。自分で分かるのだから、常連客には、余計にそうだろう。

そこで、恐る恐るマスターに聞いてみた。

「マスターのような美味しい珈琲を入れるために、みんな真似をしています。それでも、味が微妙に違います。何でもよいので、美味しく入れるコツを教えてください」

すると、次のような答えが返ってきた。

「お前は、珈琲を点てるとき、どうしている？」

「マスターと同じようにしています」

「そうではなくて、珈琲豆に何か言っているか？」

「そんなことは、考えたこともありません」

「だから、味が違うんだ」

「何と言っていますか？」

「自分で考えてみろ」

「分かりません」

「珈琲豆に、『美味しい珈琲になれ、美味しい珈琲になれ』と言いながら、点てている」

それを聞いて、唖然！　とした。

そんなことは、考えてもみなかった。

それ以来、私は素直にマスターの言うとおりにした。

その成果があって、マスターと同じおいしさの珈琲になった（と思う）。

今では、マスターが言った通りだと確信している

教科書に載っている有名な作品に、ロシア民話「大きなかぶ」がある。

この中で、「大きな」「あまい」かぶになれ、と命令している場面がある。かぶは、その通りになる。

私は、自分が担任する子どもに、心の中で「賢い子どもになれ」「可愛い女の子になれ」「運動が得意な子どもになれ」などと祈ってきた。

一年後には、その通りになる。不思議だが、どうも「願いは実現する」ようだ。

7◆頭に来るお客への対応法

その一　相手は赤ん坊だと思え～喧嘩はするな

どうしても受け入れられないお客がいた。

例えば、「あの豆は、私がお金を払っているから、私の豆だ。だから、あの豆で、もう一回点てろ」「俺は、砂糖もミルクも使わないから、その分安くしろ」「この豆の卸値はいくらだ。もっと安くしろ」

その度に、無理であることを説明するのだが、冗談ではなく、本気で言うのだから、腹が立ってくる。

そういう私の気持ちが分かったのだろう。マスターは、次のような話をしてくれた。

「お前は、赤ん坊がやんちゃを言ったらどうする。腹を立てるか?」

私は、「赤ん坊なら仕方がないので、腹は立ちません」と答えた。

すると、

「そうだろう。嫌な客がいたら、赤ん坊だと思えば腹は立たない。これからは、そう考えろ」

と言われた。

なるほど。赤ん坊だと思えば、確かに腹は立たない。しかし、目の前にいるのは、間違いなく、大の大人だ。その大の大人が、しょうもない無理難題をふっかけてくるのだ。しかも、毎度、毎度……。

この時の経験は、教頭になってから役に立った。保護者や地域の方の小言や文句に、冷静に対応することができた。大人が相手だが、（赤ん坊だと思えば、何ともない）と思うことでカッカしなくてもすんだ。

もちろん、私も人間なので、その時は腹が立つこともある。しかし、この時の経験があるので、後まで引きずることは、ほとんどなかった。

特に、部下が電話で困っているとき、私がすぐに代わる。本人だと、その話ばかりで進むし、下手なことを言えば相手は益々感情的になる。このような時、まずは私が謝る。どんな事情であっても、まずは謝る。そして、日頃のお礼を言う。この時点で、相手は多少感情が収まってくる。そして、本件について話を移し、話を聞いた上で謝る。これで、ほとんどの場合は、解決した。そして、「教頭さん、悪かったな。また飲もうや」で話は終わってしまう。

クレームの場合も、最後に「また何かあったら、連絡を下さい」と言う。すると、「本当に電話をしてもいいか？」と言ってくる。（来られた場合は、「また来てください」と言う）

そこで、「もちろんです。言ってもらえるだけ、こちらは助かりますし、ありがたいです」と言う。

いくら謝っても、私が損をすることはない。多少嫌な気分を味わうことになるが、それは仕事である。当然のことだ。このようなやりとりで、少しでも信頼され、情報をいただけるなら、お安いご用である。

その二　客にではない、お金に頭を下げろ～子どもが一番大事

もう一つある。

同じように、腹を立てたような顔をして接客していたのだろう。

「客に頭を下げると思うから、腹が立つんだ。そうではなく、客が払うお金に頭を下げていると思え。それなら、何ともないだろう」

なるほど。と合点した。ただ、なかなかそうは割り切れないものがあったのだが。


先のような学校現場での相手に笑顔でお礼が言えたのも、この時の経験が生きた。

仕事は、あくまでも仕事なのである。お金をもらっている以上、頭を下げるのは当たり前のことだ。

そして、何よりも大事なのは、学校では子どもである。子どものことを最優先に考える。多くの教師はそうだろう。そうであって欲しい。

何にでも、優先順位を考えないと、無駄なことが多くなる。学校の仕事は多岐に亘る。それに流されると、「忙しい、忙しい」というのが、口癖になる。

何のことはない。全てのことを同じように始末しようとするから、忙しくなるのである。大事なことには時間を多くかける。そうでない場合は、適当に（いや、いい加減に）すればよい。

一番大事なのは、子どものこと。特に、子どもの怪我や「いじめ」「不登校」などの重要事項より大事なことはほとんどないはずだ。

8◆これは、ブルマンではない！　~腕を上げたな？

三次市から広島市内まで、わざわざブルマン（ブルー・マウンテン・コーヒー）を飲みに来る常連客がいた。

マスターの熱狂的なファンだった。当時、ブレンド・コーヒーの二倍の値段で五百円だった。

そこまでして飲みに来るのは、コーヒーのおいしさもあるが、やはりマスターの人柄が気に入っていたのだろう。とにかく、ご機嫌な顔で話をしていた。

ある日、マスターが不在で、私が点てることになった。ブルマンを注文するのは、この客くらいなもので、滅多に注文はない。私はこの時までブルマンは点てたことがなかったが、見よう見まねで何とか点てた。そして、このお客の前に差し出した。

すると、

「こりゃあ、ブルマンじゃない」

と言って、コーヒーの入ったカップを押し返した。

私は、血の気が引いていくのが分かった。

その上に、そのお客は代金を払って店を出たのだ。

修業不足の私だから仕方のないことだが、ブレンド・コーヒーならマスターから合格点をつけてもらっていたので、多少のプライドはあった。しかし、このお客は拒否したのだ。それも、飲まずに、である。

おそらく、色と香りで分かったのだろう。

その時の五百円は、屈辱だった。

それから、私はブルマン・コーヒー豆の代金を払って、何度も、何度も、ブルマンに挑戦した。そして、マスターに「コツ」を教えてもらい、何とか、マスターにも認めてもらえるようになった。

一ヶ月以上が経ち、リベンジの時がやってきた。

マスター不在の時が、やってきたのだ。

それまでにも、このお客はブルマンを飲みに来ていた。一度は冷やかされたが、その後はマスターがいたので何もないまま過ごしていたのだ。

私は、「今度こそ」という思いで、ブルマンを点てた。

そして、このお客に恐る恐る差し出した。

すると、今度は飲んでくれた。

「腕を上げたな」と、ひとこと言ってくれた。

私は、このひとことで、天にも昇る思いになった。

その上に、飲み干してくれたのだ。

この時にもらった五百円。本当に、ありがたかった。何度も、何度も頭を下げて見送った。


若い教師に、この話をよくする。

始めの頃は、誰だって授業は下手だ。模擬授業をさせれば、一目瞭然だ。しかし、そういう恥ずかしい思いを重ねていくうちに、少しずつ（時には一足飛びに）向上する。その時の感激や感動を味わって欲しい。

向上したければ、ライバルを持つのが一番よい。先のお客はライバルとは違うが、厳しさという点で、ライバル以上に意識した。

もう一つ。教師が上達したければ、サークルに参加することだ。できれば、自分でサークルを立ち上げることだ。言いたいことを言い合って、一緒に学べる仲間は数千万円の価値があると、向山氏は言う。その通りだと思う。

9◆大手の卸会社がつぶれても店がつぶれない理由とは？～最後まであきらめない

この店にはいろいろなお客が来たが、その中にコーヒー業界大手A社の中国支社長がいた。マスターにとって、高校の後輩だった。

そういうこともあって、時々やってきては、経営についてマスターから指南を受けていた。

ある日この支社長が、「マスター、この不景気だから、広島市内でも、喫茶店がどんどんつぶれている。この店はどうですか」と聞いた。

すると、マスターは少々不機嫌な調子で答えた。

「いくら不景気でも、うちの店はつぶれない。それよりも、お前の会社のことを心配した方がいいぞ。お前の会社がつぶれても、B社やC社があるから、うちは何ともない」

と。

私は聞いていて、冷や冷やしていた。もしも、支社長の機嫌を損ねて、豆が入らなかったらどうなるだろう等と不要な心配をしていた。

支社長が帰ってから、聞いてみた。

「マスター、あんなことを言って大丈夫ですか？」

すると、

「不景気で他の店がつぶれたら、うちにとってはチャンスだ。そこの客がこっちに来るからだ。他の店がつぶれても、うちは絶対につぶれない。子どもたちや婆さんに、塩をつつかせてでも、この店は守る。そうすれば、他の経営者は我慢ができずに店をたたむ。そうすれば、また、そこの客がこっちに来る。分かるか」

と教えてくれた。

私は、思わず、ため息が出た。「すごい！」

実は、私が教職をあきらめなかったのも、この時の話がきっかけだった。

父は、私がＤＩＹの店に勤めてからは、「もう先生になる夢はあきらめろ」と言っていた。それを説得してくれたのは、中学時代からの友人（習字の先生の息子で、とっても習字が上手）だった。

私が高校～中学と受からなかったので、父からは「小学校の次は、幼稚園か」と、かわれたりもした。

それでも、「私は受かるまであきらめない。そうすれば、私の同年代はあきらめていくので、合格する確率が高くなる」と勝手に決めていた。

10◆不器用な者が楽器演奏ができるか　～子どもの長所を見つけよ

私は、子どもの頃から何をしても不器用だった。父からも、「お前は、不器用だ」と言われていた。

そのため、夢だった「大工」も「板前」も、あきらめた。実際、工作をしても、文字を書いても、料理をしても下手だった。自分でも、そのことは認めていた。

そのことをマスターに話すと、

「本当にお前が不器用だったら、楽器の演奏なんてできないだろう。お金をもらうほどの腕前だったら、かなり器用だろう？　自分が不器用だなんて思うことはない」

と言われた。

私は、てっきり、けなされると思っていたので、意外だった。

そうか。私でも、不器用ではないと言ってくれる人がいるのか。

本当に嬉しかった。

それも、普段けなされることの多い（？）マスターからだったので、本当にうれしかった。

学級にも、同じように自信がない、と思う子どもたちがいるかもしれない。

そういう子どもがいたら、ぜひその子どもの長所を見つけてほめて欲しい。大学を卒業した頃の私でも、こんなに嬉しかったのである。小学生や中学生の子どもたちは、うれしいに決まっている。

とにかく、長所を見つけ、ほめ、自信を持たせて欲しい。

今では、「教えて、ほめる」ことが広がりつつあるが、その当時は「教えないで、叱る（けなす）」ことが主流だった。

11◆豆を見たら、ブレンドの違いが分かる　~子どもも一人ひとり違う

コーヒー豆にはいろいろな種類がある。ブルーマウンテン、ブラジル（サントス）、キリマンジャロ、モカ……。

同じように見えるが、よく視ると豆の顔が違うのである。大きさ、色、しわ……。

そして、ミルでひいた時の香りも違う。もちろん、点てて飲めば、味も違う。

ある時、A社から来た店のブレンドが違ったことがあった。たまたま、マスターがいない時だった。

豆を視ただけでそう思った。

そのことを指摘すると、営業マンは、「いいえ、この店のブレンドです」と言い切った。

私は、「そんなことはない」と、不機嫌そうに言った。

そして、「じゃあ、今ある豆と比べよう」と提案した。

比べてみると、やはり違っていた。

営業マンは、「大変申し訳ありませんでした。すぐに交換してきます」と謝った。

私は、「マスターがいなくてよかったね。もしもここにいたら大変なことになっていたよ」と真面目な顔で言っ

た。

そのことをマスターに伝えると、かんかんに怒っていた。そして、私はほめてもらった。

同じことがもう一回あった。その時のことは、マスターには内緒にした。大変なことになると思ったからだ。

コーヒー豆に違いがあるように、子どもたちも一人ひとり違う。

当たり前のことだが、多くの教師はなかなか分からないようだ。

口では、「一人ひとり」などと書いたり言ったりしているが、実際の指導や授業を観ると、そうでないことが多い。発言の微妙な違い、朗読の微妙な違い、歌唱の違い等が見えない教師がいる。

また、ほめ言葉もそうである。朗読の後で、「上手に読めましたね」というワンパターンのほめ言葉で、子どもたちはほめられた気になるだろうか？

12◆始めは香りで、次は色で、最後は味で違いを見分ける　～子どもの見方

朝一番なら、コーヒーは香りで違いが分かる。

しかし、昼休みに数十人のお客を相手にすると、そうも行かない。

多くはブレンドだが、中には、モカやキリマンジャロが好きなお客もいる。マスターは、一～二杯分のサイフォンを次々とカウンターに置く。

そのサイフォンの香りをかいで、どの種類か判別する。嗅覚が限界になると、色の違いで微妙に判断する。それも無理な場合は、ちょっとだけ手に落として、口に含む。その味で判断する。

時には、失敗することもある。お客からクレームがつく。すぐに謝って、マスターに追加をお願いする。その時

は愛想よく応じてくれる。お客が帰った後で大目玉を食らう。当たり前のことだ。

二度と間違えないぞ！　と心に誓うが、やはり限界があり、また失敗をする。お客に謝る。マスターに叱られる。この繰り返し。


子どもを観る目はどうだろうか？

向山洋一氏は、小指の動きで、子どもが何か言いたいことが分かる、という。

子どもが分からないとき、何か言いたいとき……。そういう表情を見分ける目が必要だ。

また、間違えた後どうするかの厳しさを。私はマスターに教えてもらった。

仕事だから失敗したら叱られるのは、当たり前のことだ。場合によっては、給料を引かれることもある。この店ではなかったが、モノを壊せば弁償するのは当たり前。自分に責任があるからだ。

教師の世界は、そういう厳しさが少ないように思う。ただ、そのことで、子どもに対して優しく対応できるなら、私はよいことだと思う。

13◆毎日珈琲店を回って味比べ　～生の授業を観る大切さ

毎日のように、店が終わってから市内の珈琲専門店や喫茶店を回って味比べをした。残念ながら、私が勤めていた店以外で、「これは美味い！」と思ったことはなかった。それほど、マスターのコーヒーは美味かった。もちろん、ひいき目もあるだろうが、私はそう思っていた。

このようにいろいろな店を回ることで、味もさることながら、店の雰囲気、サービス、客への対応等も観察した。雑誌を見るふりをして時間をつぶした。

教師なら、あちこちの学校を回って、生の授業を参観する必要があろう。それも、研究授業だけでなく、普段の様子を観るとよい。

「それは無理だろう」と言う人がいるかもしれない。

できるのだ。

校庭での体育の授業は、只で参観できる。校庭に入るわけにはいかないが、校地外から観ることは可能だ。できれば、名人の授業を高いお金を払って観るべきだ。

お金を払うから、よく身に付く。身銭を払わなければ、本気で学ぶことはほとんどない。

公費で出張旅費をもらい、参加費も自分で払わない研修には、気楽に参加するだけだ。その証拠に、そういう研修は後ろから席が埋まっていく。

ところが、八千円とか一万円を払うセミナーなら、何とかして技術や技能を盗もうとする。だから、前から席が埋まっていくのである。

そういう修業をしないと、授業の腕は上がらない。

14◆何杯も飲むと砂糖は胃に悪い　～日本の常識は世界の非常識？

店に入った頃、私は砂糖とミルクを入れてコーヒーを飲んでいた。

朝、店に行って一杯。モーニングタイムが終わって一杯。昼の休憩で一杯。四時に帰る頃に一杯。そして、他店で一杯。合計五杯。

数日後、胃が痛くなってきた。

マスターに、「コーヒーの飲み過ぎは胃によくないですか？」と聞くと、

「コーヒーもだが、それ以上に砂糖が胃に悪い」と教えてもらった。

その時から、砂糖を入れるのをやめた。

日本人の多く（特に、高齢者）は、砂糖を入れて飲むのが当たり前と思っている。ところが、砂糖とミルクを入れて飲む方が珍しい、と何かの本で読んだ。

日本の常識は世界の非常識、と言われるのが分かった。


そう言えば、黒板の色は世界中同じだろうか？

毎時間「気をつけ、礼」を世界中でやっているだろうか？

「めあて」を教室に貼って授業をするのだろうか？

他にも、いろいろな常識（非常識？）が、学校関係にはある。

それらを、一度は疑ってみる必要がある。

15◆マスターは車の売れっ子セールスマン　～一流の教師は何でも一流

実は、このマスター、ある大手自動車会社の中国地区の売れっ子セールスマンだった。ある年齢を迎えるようになって、子どもの教育のこともあり、辞めるのにギリギリの年齢や立場ということで、私と出会う十年前に辞めたらしい。辞めてから喫茶店を開いたが、材料のムダが多いだけで利益率が低かったから、珈琲専門店に替えたらしい。

セールスマン時代のことはあまり言いたがらなかったが、たまに（機嫌がよいときに）話してくれた。

車を売るのと、女性を口説くのは同じだ。何が同じなのかの極意までは教えてくれなかったが、説得力があった。

女性に持てる男だったからだろう。

教師にも言える。一流の教師は、他のことをしても一流である。ジャズ・サックスの神様であるチャーリー・パーカーは、そのような人だったらしい。

向山一門には、一門バンドがある。授業技量が五段以上の先生で組んでいるが、演奏も一流である。結局は、高い峰を知っている人は、他の分野でも高いレベルが分かり、何でも上手にできるようになるのだろう。

私の場合は、楽器演奏と珈琲を見分けるくらいだが、ひょっとしたら、修業次第で他にも通用するかも知れない?

16◆お前の代わりがいるはずないだろう? ~辞めるきっかけ

私は、マスターに惚れ、コーヒーに惚れ、大学で学んだ「経営学」に惚れ直した。本気で、喫茶店の経営も考えた。バイトを始めてから半年後には、新規オープンするお店の手伝いを命じられた。新米のマスターやママを指導するのだ。そう言えば、本通りの「大手A社の直営店」(今もあるだろうか?)のバーテンを教えたこともあった。

このバイトは、小学校の免許を取るための生活費を稼ぐために始めたことだった。そのため、夜は、通信教育のレポート作成や読書をしていた。また、日曜日を利用して、京都や岡山等で試験を受けていた。

そのうち、母校(島根県出雲市立今市小学校)での教育実習や、夏の仏教大学でのスクーリングが迫っていた。

ある日、マスターに相談した。

「申し訳ありませんが、四週間だけ休ませていただけませんか?」とお願いした。

その理由を知ったマスターは、次のように言った。

「お前の代わりに一ヶ月だけこの店で務まる者がいるはずがない。それは、お前が一番分かるはずだ。教職を目指すことはよいことだから、この店のことは気にしないで、受験に専念しなさい」

また、

「せっかく、ここまで教えてきたのに、残念だ。もし、また店を経営したくなったら、ここに来なさい」

と言っていただいた。

私も、本当にもったいないと思っていた。

その分、教職に就いたとき、「バンドや珈琲修業を辞めてこの道を選んだのだ。島根で一番目立つ教師になってやる！」

そう心に誓って、教師修業を始めた。果たして、その結果は？

第8章

接客商売は楽じゃない

DIY店の店員時代

珈琲店を辞めて、母校の出雲市立今市小学校で、四週間の教育実習をした。そこで、素晴らしいベテランの担任教師と出会った。その方の学級で実習したから、本気で教師を目指すことになった。また、この学校では、私の思いを受け止めてくださり、複数の障がい児学級でも実習をさせてくださった。そうそう、実習の最終日に、校長先生から、文庫本の「エミール」三巻をいただいた。今でも、宝物である。

その後、仏教大学で二週間スクーリングに通い（音楽と図工）、単位の取得に向かった。

その間に、父が島根県内のＤＩＹの店が幹部候補者を募集していると教えてくれた。すぐに、履歴書を送り、面接を受けた。どうにか合格し、接客業の道に入った。

1◆明日までに百アイテム覚えて来い　～名前を覚えよ

始めのおよそ七日間は、オリエンテーションだった。既に開いている支店で、講義を聴いたり、接客等の練習をする。その中で、「明日までに、百アイテム（売り物の種類）覚えてこい」という宿題が出た。

店内にある品物だが、一覧表を見ても分からないものが多かった。言われたように覚えておけばよかったが、誰も全部は覚えていなかった。

幹部候補者（大学卒）が三名、高校卒業生が五名くらいいたと思う。

当日、店長が百アイテムの中から「○○を持ってこい」と言う。すると、私たちは走ってその品物を探す。たいていのモノは、何とか見つかったが、「カセット○ー」は誰も分からなかった。ヒントをもらって、やっと分かった。

まずは、店内の品物の名前を覚えること。それでないと、接客ができないのである。それは分かっているが、覚えることは難しかった。

オリエンテーションが終わる頃には、店内にある主な品物の名前と現物が一致するようになった。

名前を覚えることの大事さは、学校でも同じだ。担任なら、始業式までに子どもたちの名前を覚えておく。

子どもの名前を覚えることが第一歩。

できれば、顔も写真を使って覚えるとよい。そうすれば、始業式の日に一人一人の名前で呼んで、子どもたちを驚かせることができる。

校長や教頭なら、全校児童の名前を覚える必要がある。何百人もいたら大変だが、小規模校なら始業式までに覚える努力はすべきだろう。大規模校であっても、写真を用いるなどの方法で、五月の連休までには覚えるべきだろう。

2◆オリエンテーション七日間　～見習い期間に先輩から学ぶ

オリエンテーションの七日間は、全くの素人なので、先輩からたくさんのことを学んだ。

商品の名前はもちろんのこと、指さしではなく手刀で商品の方向を示すこと、トイレに行くときのこと、店内放送の役割、レジの打ち方、客の前の歩き方、万引きへの対応（これは、かなり厳しかった。何しろ、対応を間違えると人権問題となり、店が一軒つぶれるほどの賠償金が必要だったらしい）、昼休憩の過ごし方（喫茶店に行ってもよいし、パチンコをしてもよかった）、休憩が終わってから店内に入るときの作法……。

すべて、尊敬する本部長や、店長から教わった。

細かいことは、先輩から教わった。

こういうシステムが、何故か学校にはなかった。少なくとも、私が初任だった学校やその後赴任した学校にはこういう文化がなかった。そして、マニュアルさえもなかった。

そんな状況でスタートする教師は、保護者にとって危なっかしくて観てはいられないだろう。子どもたちにとっては、また違う評価をするだろうが。

せめて一日間だけでも、教師の作法や一日目に行うことを指導してもらえたら、私のような教師にはどんなに助かったことか。

そういう自分の経験があるので、指導を希望する若い教師には、初歩的なことについて厳しく教えている。声の出し方、表情（笑顔）、歩き方……。

3◆持ってくるまで終わらない　~厳しさは当然のこと

先の「〇〇を持ってこい！」は、誰かが持ってくるまで終わらない。店内に、いくら商品があったのだろう？今となっては不明だが、釘一つでも十種類以上あった。小鳥のえさも、車の部品も、文房具も、かなりの数や種類があった。

給料をもらうのだから、甘えは許されないのである。客が帰ってから行うので、十九時過ぎから始める。何時に終わるか分からない。その日に設定された数をクリアするまで続いた。

こういう厳しさの中で、接客業の醍醐味を味わった。

教職では、こういう厳しさはあまりなかった。

そのため、教職一年目は、何かにつけて周りの先輩に文句を言っていた。

「こんなんで、本当に給料をもらえるの？」

これが、私の言い分だった。

教員が学校に着いてまずすることは、「出勤簿への押印」である。私は、ＤＩＹの店がタイムカードだったので、当然のように毎朝押印していた。当時の教頭から、「押さないと、五百円の罰金だ」と言われていたし、それを当然のこととして受け止めていた。

ところが、本当はそうではなかった。押しても、押さなくても、給料には響かなかった。タイムカードを押さないと、給料がもらえないＤＩＹの店と違っていた。

この頃の教員はどうだろう？

若い頃からそういう習慣のある教員は別として、多くは押していないのではないだろうか？

みんなが楽しく仕事をすることも大事だが、その中に厳しさがないと、教員にとって不幸なことになる。元々、給料をもらうということは、楽しいはずがない。ある意味、苦しいから給料をもらうのであって、楽しいことなら、反対にお金を払うべきである。

厳しい中に、楽しさを味わうような職業人でありたい。

4◆店長のマイカーはスポーツカー　～校長の車は？

初めて仕えた店長は、私より三つくらい若く、二十二歳くらいであった。

その店長は、「１１７クーペ」という、いすゞの車に乗っていた。私は車のことは分からなかったが、若い同僚たちの憧れであった。「店長になったら、117クーペに乗れる」これが、若い店員の目標だった。もう一つ、海外（当時は、アメリカ合衆国）でのマーケティングの研修も店長の特権であった。「私も、いずれは、」と楽しみにしていた。

ところが、学校のトップである校長は、普通車には乗っているが、高級な車には乗っていない。給料の違いもあるが、年齢的な違いもあろう。何しろ、この店では二十代で店長だったので、当然格好いい車に乗りたがるのである。

もしも、教員の給料がよければ（田舎では教員の給料はよい方だが、都会では話にならない）、もっとよい車に乗れるのに……。

やはり、ステイタスの問題だ。

店長になったらこれをしよう、この車に乗ろう……という夢があるから頑張れる。校長も、二十代とは言わないが、せめて三十代後半でなれるのなら、もっと校長のイメージは変わるだろう。

5◆シャッターが降りるまでは上司は上司　～降りたら逆転する！

私の場合は、社長よりも本部長の方が身近で、怖かった。

当時、本部長は新規出店ラッシュだったため、車の中で寝ていたようだ。とにかく忙しそうだった。

私が勤務する支店にも来ていた。この本部長は、その後副社長になられ、退職後はご自分で事業を展開されていたが、二十四年末に亡くなられた。浜田市の名誉市民だった。

いろいろなことを教えてもらったが、次の話は、今でも頭に残っている。

皆さんの中には、店長よりも年上の人がいます。シャッターを上げた時から、シャッターを降ろすまでは、店長の言うことは絶対です。また、主任はまだ若いが、君たちの上司だから言うことを聞きなさい。しかし、一旦シャッターが降りたら、年齢による先輩・後輩の関係になる。そこのけじめをしっかりして欲しい。そして、人間関係をうまくやって欲しい。

そこで、私は、この話の通りに仕事をした。そして、アフター・ファイブ（実際は、アフター・セブン）を過ごした。シャッターが降りた途端に、私は若い上司に向かって、「お前なあ、今日の言い方はないだろう」と叱るように（？）言う。すると、若い主任は、「勘弁してください。仕方がなかったのです」などと弁解をした。その勢いで、飲みに行ったり、ドライブに行ったりして楽しんでいた。

この話は、教職についてからも、役に立った。特に、若くて管理職になった私は、時々自分よりも先輩と一緒に仕事をすることがあった。また、退職前は、私より若い校長に仕えることもあった。

こういう年齢と逆の関係になったとき、この話が、またこの時の人間関係が参考になった。

ある学校のことだ。校長のプライベートなサークルのボスが、部下として赴任してきたそうだ。

勤務時間内は当然、「校長先生、○○のことについて～」「分かりました。そのように～」という普通の会話になる。しかし、勤務時間が終わると、その立場は逆転したそうだ。

その話を聞いて、周りの皆さんは大笑いをしたが、私は当時のことを思い出していた。

6◆値札は大きい物が先か小さい物が先か？　～心理的なこと、合理性

先の本部長が、問題を出した。

「今からこの何もない店に、品物がたくさん入ってくる。その商品全てに値札を貼っていく。皆さんは、小さい商品から値札を貼っていくか、それとも大きな商品から貼っていくか」

という内容だった。

皆さんなら、どう答えるだろうか？

私たち新米店員は、二つの意見に分かれた。

先に小さい商品に貼るグループは、「早く、小さい商品を片付けてしまいたいから」という理由だった。私も、この考えに賛成だったし、こちらが多数派だった。

ところが、本部長は逆のことを言った。

「大きな商品から片付けていった方が、心理的に仕事が片付いている気になる。小さい商品はいくら片付けても減り方が少ないので、仕事がたくさん残っている気分になる」

この説明を受けて、「なるほど」と合点がいった。

何しろ、大きな店舗である。商品の種類も量も、半端ではない。心理的に楽な方で仕事をすれば、やる気も出てくる。

この話も、その後の自分の仕事等に応用できた。

家庭のゴミの片付けや、教室の整理整頓にも役に立つ。

この話を子どもたちにすると、何でもないように「大きい方から」と言う子どもが多い。問題を出した私の気が

抜けてしまう。

7◆三つの新規オープンを経験　〜一から学ぶ

私が入社した当時は出店ラッシュだったため、半年のうちに三つの店をオープンする仕事に携わった。

オリエンテーションは出雲店だったが、接客はほとんどしなかった。その後、見習いも兼ねて大田店へ。ここで、「研修中」の札をつけて接客をした。その次に、平田店のオープンの手伝いに行き、一からオープンする経験をした。

何もない空間に、陳列棚が運び込まれ、計画通りに並べていく。それが終わると、商品が入ってきて、どんどん値札を付けて陳列していく。コンクリートパネルやベニヤ板等を入れていく作業は思ったよりも重労働だったが、このような作業により一つの店舗がオープンしていくんだという一体感があり、流れ出る汗も心地よかった。

そして、いよいよ自分の本拠地となる塩冶店のオープン。現在この支店は、他の企業の店になってしまったが、この地を通る度にその当時のことを思い出す。

ここで成人式を迎えた若い女性たち。昼休憩のお茶を出すのは誰が相応しいかで、もめたこと。思い出は尽きない。

残念ながら、学校のオープンには携わっていない。新しくなった学校に異動したことはあったが、一から始めた経験はない。

学校は面白いもので、一つとして同じ形の学校はなかった。チェーン店の場合、どこに何が置いてあるかはだいたい似通っているが、学校は、どこも全く違う。

時代の違い、規模の違い、職員の違い等もあるが、「これが校舎の理想」というモノがないのだろう。トイレが男女共用だった学校、更衣室がなかった学校、子どもと教師のトイレが共用だった学校、校舎と体育館の渡り廊下が吹きさらしで雪が降ると滑る危険のある学校……。中には、校庭の一部が一般の方の通路になっていて、危機管理ができにくい学校もあった。

8◆珍事件続発　～普通って何？（電球編、風呂の蓋編、便器編）

当時はまだ、ＤＩＹの店が珍しい頃だったため、いろいろな珍事件が起きた。

その一、電球編

年末に、お客さんが電球を大量に買いに来た。

「兄ちゃん、この電球を十個くれ」

「お客様、何ワットの電球が必要でしょうか。一度調べてもらえないでしょうか」

「普通に決まっているだろ。この電球だ」

と、特売品の20Ｗを買おうとしていた。

しかし、30Ｗと20Ｗのどちらも、一般家庭で使用している。ワット数を調べないと返品の可能性がある。一個ならまだしも、十個となると返品されると厳しい。そこで、このように聞いたのだ。

そのお客は、結局20Ｗを十個買って帰った。

その後すぐに、他の支店に電話をして、商品を回してもらった。

すると……。

しばらくして、その客が荷物を持って戻ってきた。

「兄ちゃん、帰って調べたら、30Wだった。交換してくれ」

「そういうことを考えて、お客様に一度調べてくださいとお願いしました。見てもらうと分かりますが、お客様がお帰りになってすぐに商品を入れましたので、返品は受けられません」

「何で？　差額はちゃんと払うからいいだろう」

「返品されると、うちは在庫が増えて困ります」

ここまで言うと、客の顔が変わった。やばい！　と思ったので、店長を呼んだ。

こういう時は店長が対応する、とマニュアルにあるからだ。

結局、この客は使えない電球を持って帰ることになる。

おそらく、この客は我が店の悪口を言いふらすだろう。それでも、仕方がないのである。店の方針だから。

その二、風呂の蓋編
夫婦で風呂の蓋を買いに来たお客がいた。

例によって、珍事件となる。

「お兄さん、風呂の蓋をくれ」

「はい、お客様。サイズを教えてください」

「なにい？　お前は、うちの風呂の蓋を知らんのか。それで、よく店員が務まるな！」

と、たいそう機嫌が悪くなった。

「大変申し訳ありません」

と謝ると、隣の奥さんが助け船を出してくれた。

「お父さん、この店員さんがうちの風呂のことを知っているわけないでしょ」

「あっ、そうか。悪かったな。じゃあ、一回帰って計ってくるか」

「ありがとうございます。助かります」

こういう風に話がまとまると、お互いに助かる。奥さんのお陰で丸く収まった。

その三、便器編

笑うに笑えない話もある。

それは、便器を買いに来たお客のことである。

便器を買いに来たお客に、いつものようにサイズを測るように言う。

「この大きさだ。大丈夫だから、これをくれ」

内心心配していたが、案の定、少ししてから戻ってきた。

「悪いが、やっぱり大きさが違っていた。交換してくれ」

「お客様、大変申し訳ありませんが、便器の返品はお断りしております」

「まだ使っていないから、大丈夫だ。替えてくれ」

「お客様は、どうしてこの便器の大きさが違うことが分かったのですか」

「それは、便所に置いたからだ」

「実は、ここに置いてある便器は、他のお客様が一度家に持って帰っておかれたモノです。それでもいいですか」

と聞くと、

「そんなモノは買うわけにはいかない」

そう答えた。

そこで、自分の言っていることが矛盾していることに気がつくと、黙ってしまわれた。

あまりにも気の毒で、店長に相談すると、お客も納得する形で処理された。

もちろん、その便器は売り物にならない。


このように、誰もが自分のことを普通と考えているし、自分の家が標準なのである。けっして笑える話ではない。教育でも同じ事が起きる。教師は（特に女性教師に多い）、できて当たり前、知っていて当たり前、と思うようだ。そこで、できない子どもに対して、辛く当たることになる。自分だって、子どもの頃はできないこともあっただろうに、そんなに子どもをいじめるなよ、と言いたくなる場面に何十回と出くわした。

教師は、一応大学も出ているし、難しい採用試験を合格しているので、いわゆる勉強はできるだろう。しかし、そのことと教える技術や指導法については別であり、素人であることが多い。そういうことは棚に上げて、子どもを責めるのはどうかと思う。自分が標準だ、普通だ、などという見栄は捨てて、もっと素直に指導すれば子どもも自分もお互いに楽になるのになあ。

9◆お客様を啓発する役割 ～教える

このように、開店当時は、珍事件の連続であった。しかし、私自身も、そういうことは知らなかったのであり、店員だから分かったことである。

本部長からは、

「今は、我々がお客様を啓発する時期だ。だから、笑ったり面倒くさがったりしないで、教えてあげて欲しい」と指導があった。

その通りであった。

子どもたちに必要なのは「教えて、ほめる」なのに、「教えないで、叱る」が幅を利かせているこの頃である。

教えて、ほめる。

まさか、店員がお客を叱ることはないが、お客を馬鹿にするようなことがあってはならないし、そんなことをしてお客が他の店に行っては大変なことになる。

教師も、子どもや保護者を「お客様」と考え、親切に、丁寧に接するようにすれば、おかしな関係にはならないのに……。そう考えている。

10◆こんなアナウンスがあったら要注意　～貴方は視られている！

中学生が集団で店に入ったときは、要注意である。

これは、地方の店でも同じである。

店員が、おかしな放送をすることがある。お客には分からないように、暗号を使って放送する。詳しくは書けないが、「誰それは、昼食休憩に入りなさい」「万引きに注意せよ」等の指示を上手に暗号化して放送していた。

こんなことがあった、

中学生の男子が、私の目の前で、ポケットの中に商品を入れるのである。

しかし、ここで万引きの注意はできない。

何故かというと、レジで支払う可能性が残っているからだ。

中学生も考えている。

注意すると、「俺は、ポケットの中には入れたが、レジで払うつもりだった。それを万引き呼ばわりするなど人権問題だ。店長を呼べ！」となる可能性がある。

あなたは、店員からそれとなく視られている。もちろん、店によっては、カメラで見張られている。

実は、万引き防止を強化している店に限って、万引きが多いそうである。どうもお客との信頼関係で、万引きの多少が決まるようである。

また、スーパーの場合、予め万引きを想定した予算が組まれているようである。何とも言いようのない、現実の話である。

その点、学校は万引きがないことが前提になっている。

それが理想ではあるが、実際にはモノが隠される、モノがなくなることはほとんどの学校で起きている。

それはそれで、教育の一環として対応していく。その中で、私たち教師も学ぶことができる。

間違いや失敗を一〇〇％許さない学校は、何だか味気ない気もするが、おかしい考えだろうか？

11◆電話が鳴ったら、すぐに出る

電話への対応は、厳しかった。コールが三回以内に出なくてはならなかった。出たら「毎度ありがとうございます。○○（会社の名前）△△店（支店の名前）でございます」と言ってから、応対が始まる。

四回以上の場合は、「大変お待たせいたしました。○○△△店でございます」となる。電話が鳴ったら、とにかく走って行ったことを今でも覚えている。

学校はどうだろうか？

電話の近くに事務の先生がいることが多いので、ほとんどの場合お任せになっている。しかし、いつも事務の先生が近くにいるとは限らない。そのため、事務の先生がいない場合は、校務技師さん。二人ともいない場合は、教頭が出る。そうでない場合は、近くの職員が出る。そのようなシステムにしていたのだが、教員は、なかなか電話に出ない。中には、「電話に出るのが苦手で」などという、理由にもならないことを口にする教員もいた。

また、「もしもし」で応対を始めるのはＮＧであることを、ビジネス書で知った。先のＤＩＹの店では、「毎度〜」という形があったため、もちろん、「もしもし」は、ない。

私が勤めた学校では、「はい（朝なら、おはようございます）。○○小学校吉川です」という形を指導した。すぐに慣れる教員もいたが、ずっと「もしもし」で通した者もいた。

12◆挨拶は店員から行う　〜学校では子どもから？

お店に行けば、店員がお客さんに「おはようございます」とか、「いらっしゃいませ」と笑顔で言う。お客が何も言わなくても、である。まさか、お客に、「私は挨拶をしたのに、何でお客さんは挨拶をしないのですか」などとは言わないだろう。

私は、このＤＩＹのお店で、挨拶の大事さを徹底的に教育された。そして、朝一番の朝礼で、何度も挨拶のやり直しをさせられた。

学校の教員は、時々おかしなことを言う。

多くの教員が、次のように言う。

「この学校の子どもは、挨拶をしませんね」

私は、

「そうですか、私には子どもたち全員が挨拶してくれますがね」

と言うと、

「それは、教頭先生が怖いからですよ」

などと、ちんぷんかんぷんなことまで言う。

何のことはない。挨拶は、子どもからするものだという、逆さまの考え（偏見?）を持っているので、いつまでもこの教員は自分からは挨拶をしないのだ。

自分がお客さんのつもりでいるのだろう。

私は、自分から「おはようございます」と挨拶をする。「おはよう」でもよいのだが、一年生の子どもは、教師の真似をするので、「おはようございます」と言う。そうすると、一年生の子どもも、「おはようございます」と返してくれる。

挨拶を返してくれると、こちらも嬉しくなるので、もう一度（今度は）「おはよう」と挨拶する。お互いに、気持ちがよくなる。

しない子どもには、もう一度同じように挨拶をする。聞こえなかったかも知れないし、話をしていたのかも知れないので。ほとんどは、ここで挨拶をしてくれる。

それでもしない子どもには、「〇〇さん、おはよう」と名前を呼んで挨拶をする。ほとんどの子どもは、ここまでで挨拶をしてくれる。それでも挨拶をしない子どもも時にはいる。それでも、いつか挨拶をしてくれると思い、あきらめずに挨拶を続ける。

このようにすれば、子どもたちは挨拶をしてくれるのである。

挨拶は、教師からする。

自ら挨拶をせずに、「子どもたちが挨拶をしない」などと言うのは、高慢である。

第**9**章

若い頃の奮闘記（新聞に連載）

朝日新聞連載「先生奮闘記」で掲載したマット運動をする子どもの写真

赴任一校目で、一度六年生を担任した。今思い出しても、充実した一年間であった。六年生は、小学校の中では大人のような存在で、自分の思いをぶつけても、跳ね返ってくる。一種の醍醐味があった。

その時の思い出も、書き上げればきりがないのだが、二校目では、校長の計らいで、連続して六年生を担任させていただいた。

その時、朝日新聞の地方版で「先生奮闘記」という連載（一九八六年一月～三月前後）が始まり、私はトップバッターで連載を書いた教師の推薦で、二番目に連載を書かせてもらうことになった。

斎藤喜博氏を中心とした、「教授学研究の会」で学んでいた私が、向山洋一氏を中心とする「教育技術の法則化運動」で学ぶようになる時期のものである。

拙い文章であるが、子どもたちに助けられながら成長している様子が分かる。

朝日新

第3種郵便物認可

表現「利根川」

先生奮闘記

吉川　廣二①

卒業記念に取り組む

朗読と合唱　そして動き

「身体表現」という言葉を聞くと、女の先生を連想しがちだが、私も四年前から子どもたちと一緒に取り組んでいる。

きっかけは、その年の秋に、東京都のある小学校で、六年生の「利根川」という朗読・合唱・身体表現をミックスしたものを見てからである。終わりの方で、百人位の子どもたちが前進してきた時は、感動し、圧倒されてしまった。十五分位の作品であり、ピアノも満足に弾けない私にとって、「利根川」は手の届かないものだった。

しかし、担任していた六年生があと二カ月で卒業するという時になって、どうしてもこの子どもたちとやってみたくなった。合唱には、一学期から積極的に取り組んでいた。秋の町音楽会では、「流浪の民」「美しく青きドナウ」「ハレルヤ・コーラス」の三曲を、四・五年生と共に歌い、子どもたちも私も、それなりに満足していた。

しかし、何といっても、身体表現は体育の時間に多少やった程度である。それでも、とにかくやってみることにした。

ピアノ伴奏譜を見て、（いつものことだが）気が遠くなるのを感じた。一音、一音、指で探りながら練習した。毎晩二〜三時間は、家でピアノに向かった。やっと初めから終わりまで弾けるようになるのに、三週間かかった。そのころには、朗読と合唱はどうにか通すことができたが、問題の身体表現がまだである。

「動いてごらん」と私。しかし、二十人のうち一人として動こうとしない。動かないのではなくて、動けないのである。十五分位、いろいろ言葉を投げかけているうちに、やっと一人の男子が一歩左に動いた。すかさず「それでいいよ」と声をかけた。本人は照れていたが、それをきっかけに、他の子どもも動くようになった。

こちらから動きを教えるフォークダンスと違い、子どもの動作に対して私が注文をつけて、一緒に作り上げていくのである。そのため、こうしなければいけない、ということは一切なく、良ければほめ、気にいらなければヒントを与え、他の動作を考えさせるのである。自由がある半面、作り出す苦しみを経験しなければならない。どうにか納得できるようになったころには、「利根川」を発表する「六年生を送る会」も、二日後に迫っていた。

いよいよ当日である。午前中に一度リハーサルをしたが、終わりに近づくころから、涙があふれてきた。東京の小学校のような素晴らしいものとはいえないが、この二十人の真剣な態度に胸を打たれてしまった。子どもたちが屋内体育館から出たあとも、ピアノに伏せて泣いた。ピアノの鍵（けん）盤がぬれるほど――。

本番は決して感情的にならぬよう努力した。演技を終え退場していく二十人に、心から拍手をした。一瞬遅れて、在校生や先生方からの拍手が鳴り響いた。二十人は誇らしげに、また喜びを満面にたたえて元の席についた。体育館は静まり返り、まだ余韻が残っていた。卒業前に「利根川をしたことが一番の思い出になりました」と、ほとんどの子どもが書いており、取り組んで良かった、と思った。

昨年度の六年生とも「利根川」に取り組んだが、四年前とは違うものを作り上げた。

きっかわ・こうじ　昭和27年、簸川郡大社町生まれ。52年3月市立北九州大学経済学科卒。54年4月から仁多町立亀嵩小学校勤務のあと、59年4月から現在の木次町立寺領小学校教諭。仁多郡仁多町上三所。

「利根川」を演じる子どもたち

先生奮闘記

吉川　廣二②

合唱

熱心な子らが支えに

素人ながら選曲し本番

渡良瀬川鉱毒事件の共同制作

教員になって三年目の、昭和五十六年秋。前任校の四、五、六年生五十数名と、町の音楽会に出演した。「流浪の民」「美しく青きドナウ」「ハレルヤ・コーラス」の三曲を合唱するのである。曲目をみると、いかにも合唱に通じているように思われそうだが、実際はその反対であった。

指揮は、クラシック音楽を鑑賞するのが特技であり、社会科専攻のAさん（五年生担任）。伴奏は、中学校以来アルトサックスを吹き、ジャズが好きで、やはり社会科専攻の私（六年生担任）。ともに合唱の指導ということについては、素人同様であった。その二人が本格的に合唱に取り組み始めたのは、その前の年に、一冊の教育書を読んでからである。群馬県の小学校でこの三曲を歌わせていたこと、そして子どもたちも、積極的に歌っている様子が書かれていた。

その年の八月から、私は毎晩のように、苦手なピアノに向かって伴奏譜の練習をすることになった。一曲がやっと弾けるのに、三カ月かかった。そして、次の曲が何とか弾けるころには、少しずつピアノが好きになっていた。

二曲は何とか伴奏、合唱ともに最後まで通せるようになったが、「ハレルヤ・コーラス」だけは一カ月前になっても取り組んでいなかった。そこで、四年生担任のOさんが高音、Aさんが低音、そして私が中音のパートを受け持ち、一週間後に合わせてみよう、ということにした。練習はもちろん放課後だけなので、一日一時間、合計六ー七時間程度の練習量である。あとの二曲も練習するので、この曲は何とか歌えるという程度で、不安なまま当日を迎えた。（前日、学校で行われた壮行式で、校長先生にほめていただいて、とてもうれしかったことを、今も覚えている）

さて、いよいよ本番。シーンとした会場に「流浪の民」の前奏が響いた（私の指は、汗でぬれていた）。「ぶなのもりの…」。子どもたちの声が聞こえた瞬間に安心し、合唱に指を合わせていった。「ハレルヤ・コーラス」は予想通り、どこか不安な調子で終わった。拍手を受けてからステージを降り、子どもたちとともに、開放感と満足感を味わった。とても素晴らしい合唱とは言えなくても、子どもたちは精いっぱい歌ったのだから、これで良いと思った。（当時の四、五年生も、自分たちの卒業文集にこの日の感激をつづっていた）

今思えば、ずい分むちゃな選曲をしたようにも思える。しかし、その時は曲の良さにすがるよりほかなかった。また、この三曲を合唱することで、歌がきらいだった子どもも積極的に歌うようになったこと、そして、私自身がクラシック音楽やピアノに興味を持つようになったことは事実である。録音したテープを聞いてみると、当日のことがはっきり思い出される。子どもたちの入場・退場、そして応援にかけつけて下さったお母さん方のことー。

この六年生との渡良瀬川鉱毒事件の共同制作の取り組みを、次回述べることにする。

先生奮闘記

吉川　廣二③

共同制作

すごい子供の集中力

多くの事を私自身学ぶ

東京へ訴えに出かける農民たち

昭和五十六年度の卒業式の前日になっても、共同制作「渡良瀬川鉱毒事件」四部作は完成していなかった。そこで、卒業式の何日か後で、もう一度学校に来て、何とか完成させよう、という約束をした。三月三十日、二十人全員が再び筆を動かし始めた。

二時間たったころ、「これで終わりましょう」と子供たちに告げた。子供たちも反対はしなかった。卒業前の緊張感もないし、学校集団のまとまりもあまり感じられなかった。何よりも筆の動きが、あのころとは違うのである。三十数時間に及ぶ私と二十人の子供たちとの、絵画への取り組みは終わりを告げた。未完成のままで――。

国語の教科書の中の「田中正造」を少し時間をかけて勉強した二十人に、絵画の共同制作をしてみよう、と話したのは二学期の終わりころだった。子供たちは、冬休みの間に何枚かのスケッチをしてきた。しかし、持ってきた田中正造のスケッチは、私にとって納得のいくものではなかった。そこで、主人公を、正造から正造に関係する農民たちに変更して、それぞれ自分の好きな場面を選ばせた。

最終的に落ちついたのは①田に稲ができないことを嘆く農民たち（前回の写真）②雲龍寺前境内に集まり、東京へ訴えに出かける農民たち（今回の写真）③途中で警官と争う農民たち④政府に訴えている農民たち、の四つであった。②だけは何とか完成したが、他の三つは前にも述べたように未完成のままで終わった。

一月は、中心となる農民のポーズを、モデルを使い、グループごとに話し合いながら決めていった。その後で、他の農民たちも同じようにして決めていった。そして、四つ切り画用紙の上で大まかな構成を考えさせた。

二月は、ケント紙（一〇八センチ×一五六センチ）に鉛筆で下絵を書いていった。話し合いでうまくまとまっているグループは、農民の姿が生きていた。しかし、そうでないグループは、どこか物足らない人物になっていた。後者の場合は、せっかく大きく描いた中心人物も消しゴムで消させた。そして、どのグループにも細かい所まで注文を加えていった。指の一本一本、目、鼻、口など、私が納得のいくまで。そのため色をつける作業に入ったのは、三月に入ってからであった。

まず、光があたる所へ（結局は全体になるのだが）黄色を、そして黄色が乾いたらその場面全体のイメージとなる色を置かせた。その後は、子供たちの思うままに色をつけさせた。私が納得いかない場合には、その子供と話し合い、理由を聞いて私が納得したり、逆に子供の方が他の色に変更したりしていった。

卒業式はもうすぐ、というころになっても子供たちはまるで農民たちと話をするかのように、ていねいに作業をしていた。あせっている私の心に訴えるかのように。

未完成のまま終わったのであるが、この仕事をすることで、たくさんのことを私自身学ぶことができた。子供の集中力のすごさ、共同で創（つく）り上げることの素晴らしさ、そして、ていねいな仕事をすることの大切さを。

朝日新

先生奮闘記

吉川廣二④

協力

泣いて考えて…知る

算数の問題 友と解いて

初めて担任したクラスでは、「協力」という二文字を教室の正面にかかげていた。また、口がすっぱくなるほど、協力することの必要性を話した。しかし、いくら口で言っても協力という目に見えないものは、教えることができなかった。

ところが、三年目に担任したA君に出会って、「協力」というものについて少しはわかるようになった。A君は、いわゆるよくできる子であり、特に算数に関しては、プリントもノートも○（マル）ばかりであった。少なくとも私が担任してからは、一度も×（バツ）をもらったことがなかった。そのためであろうか、常に自信に満ちており、私の話など素通りしているとしか思えなかった。

遠足の時のことである。みんながグループになって弁当を食べているのに、A君は一人であった。「自分のグループで食べたら」と声をかけるのだが、「僕は孤独が好きなのだから、ほうっておいて下さい」という返事である。私もあきれてしまった。

ある日のことである。算数で新しい単元を学習した時、A君が初めて×をもらったのである。おかしいなあ、そんなはずはないのに、というような態度をしていた。二度、三度と持ってくるが、やはり×であった。他の子供は二度目で全員合格したのだから、本人も周りの子供もびっくりしていた。自分の場所にもどったA君は、机に顔を伏せて泣き出してしまった。隣の子が私に目で何かを訴えていたが、「今A君はとても大切な経験をしているのだから、構わない方がいい」と話した。

それから二日ほどたった。終会の後で算数の問題を解いてから帰るように指示をした。もちろん全員にである。そのあくる日。A君が次のような内容の日記を提出してくれた。大学ノート一㌻に、ぎっしり書いてあった。それまでほとんど日記を出さなかったA君が。

子どもたちが共同制作した「八郎」

「先生、協力というのは、とてもすばらしいことですね。今までは何でも一人でできると思っていたけど、今日算数の問題が解けなくて、隣の二人の友達と一緒に勉強しました。そうしたら解けたのです。難しくて解けないと思っていた問題が、三人だと解けたのです。これがいつも先生が言っておられた協力なんですね」

みんなの前で初めて涙を見せたA君が、同じ算数という教科で「協力」ということを知ったというのである。日記を読みながら、目がしらが次第に熱くなってきた。

それからのA君は、友達との交流を広げ、私にもよく話をするようになった。日記も出すようになり、以前のA君は一体どこへ行ったのだろうか、と思えてならなかった。

「協力」ということを、A君は言葉でなく、算数を通してわかってくれた。この時以来、「協力しなさい」という言葉はあまり使わなくなった。できる限り、学習の中で具体的な体験を通して教えるように、とA君に教えられたからである。

朝日新
第3種郵便物認可

先生奮闘記

努力

吉川廣二⑤

嫌いなことが好きに

母の気持ち通じて成長

これまでに担任として出会った子どもたちは、百二十七名である。どの子どもも私に「努力」ということの尊さを教えてくれた。日記、長距離走、跳び箱・マット、合唱、手伝い、一人勉強、清掃、漢字練習など。子どもたちは、いろいろなことで、努力を積み重ねている。そんな子どもたちと毎日接することができるのは、うれしいことであるが、また苦しいことでもある。弱音をはくことができないからである。

どの子を例にあげてもいいのだが、今でも私の心に強く残っているY子ちゃんについて述べてみたい。

Y子ちゃんを一年間担任したのだが、いつも私の方が励まされていた。目の前でY子ちゃんがどんどん変わっていくからである。夏は水泳で、プールへ入るのも嫌がっていたのに、夏休みには家の人に「海へ行こう」と自分から誘ったそうだ。また二学期に入ると雨が降っていても「プールに入りたい」と言うほどになった。

秋の校内音楽会では、どうしても独唱の所をしたい、と言って譲らなかった。またオペレッタの主役にも立候補した。一学期には「私、音楽は嫌い」と言って、あまり口を開いてくれなかったのに……。

冬はなわとび。一日一日と腕を上げていき、級友や私をびっくりさせた。主なものだけをあげてみたが、書き出せばきりがないほどの「努力」を見せてくれた。

何が原因だったのだろう?私がY子ちゃんにしたことは、授業の中で他の子どもたちと同じように教えた、ということである。決してY子ちゃんだけを特別にかわいがったつもりはない。むしろ、しかることの方が多かったくらいだ。

そういえば、お母さんがよく電話をかけて下さった。「Y子が海へ連れて行ってくれ、とせがみましてね」「家で毎日なわとびの練習をしているのですよ」「今日は腹が痛い、というので休むように言ったのですが、どうしても行くと言うので、行かせました」というような内容であった。そういうお母さんのY子ちゃんへのやさしい気持ちが、通じたからかもしれない。とにかく学校が好きで好きでたまらない、という様子であった。

三学期も終わりに近づくころ、「吉川先生はやさしい」と話してくれた。そんなはずはない。こわいということはあっても、やさしいなどということはないと思うのだが、後日くれた手紙にもそのようなことが書いてあった。やはり、素直に喜んでいいのだろう、と自分に言いきかせた。

今でも、Y子ちゃんの一年間の変わっていく様子が、鮮やかに思い出される。本当に貴重な経験をさせてもらった。Y子ちゃんの変わり方を見て、クラス全員が影響を受けたことも、付け加えておきたい。

今のクラスでも、一人ひとりがそれぞれの分野で、「努力」を積み重ねている。このことについては、二カ月後に卒業してから、じっくりと味わってみたい。三十名の子どもたちが、一年間にどんな努力をしたか、またどれだけ成長したか、ということを。

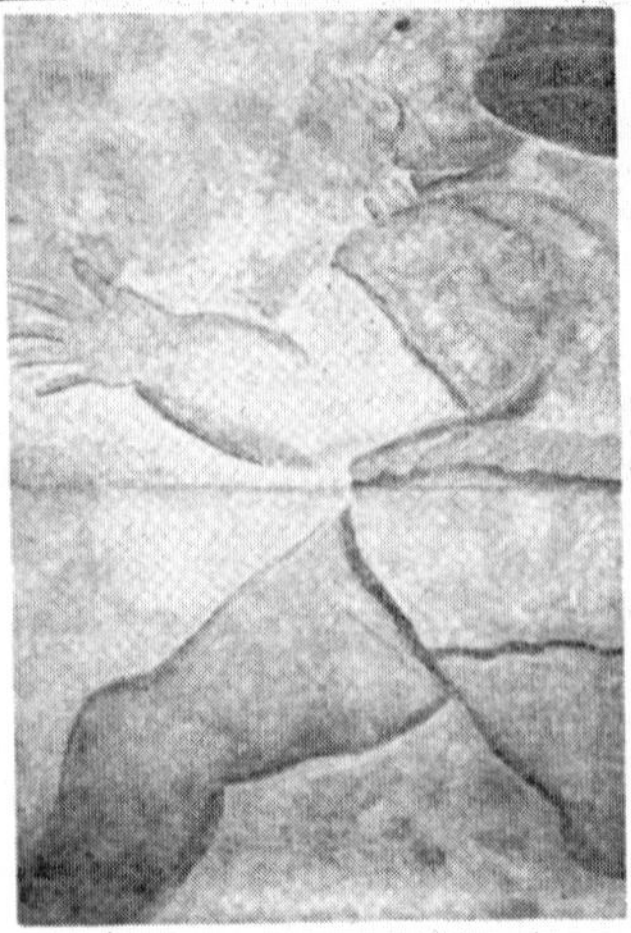

子どもたちの共同制作「八郎」

朝日新
第3種郵便物認可

先生奮闘記

日記

吉川廣二⑥

継続の大切さ教える

自分で考え作文力向上

私は高校生のころから、毎日のように日記を書いてきた。一時期、仕事の関係で中断したこともあったが、何とか続けている。学生時代は、むずかしい内容を書くことが多かった。人生論、友情論等。読み返してみると、はずかしくなるような…

…。この七年間は、学校や学級についてが主である。その中でも、その日の授業についての反省が圧倒的に多い。一日に大学ノート一ページを目安にしているが、その半分のこともあるし、数ページに及ぶ場合もある。

自分が書いてきたから、というわけでもないが、これまで担任した学級でも、毎日書かせることにしている。といっても、全員が毎日出してくれるわけではない。女子には毎日書く子が多いが、男子は半数が出してくれたらよい、というくらいである。それでも何とか全員に出させようとがんばるのだが、そう簡単にできるものではない。

担任して一日目に、日記を一年間続けることの大切さ、どんなことでも百回続けると一段階上がること等を話す。二―三日は全員出すが、その後は続かない。三日坊主とはよく言ったものである。

私は、日記を書かせることの目的を「継続することの大切さ」にしぼっている。一学期間はとにかく書いて出せば合格とし、二学期ころから誤字脱字、表現の仕方等にも目を向けていく。日記を書くのをいやがる子供もいるので、はじめから要求を多くしたのではますます書いてくれなくなるからである。

一日に書かせる量は学年によって変えているが、今の六年生には国語のノートに十五行書かせている。毎日書くことは大変であるが、二学期の中ごろから全員が毎日出している。返事を書くのも大変な仕事であるが、毎日書いてもらうためには欠かせないものである。

一人に二行の返事を書いているが、十五行と比べてみると少ないように感じられる。しかし、三十名いれば六十行になるし、子供の日記の内容によって書くことも変えなければならず、案外時間のかかる作業である。もちろん、内容によっては、長い返事を書くこともある。

担任して一カ月くらいは、どちらかというと他人行儀な文章が多い。それでも五月ごろからは、お互いに慣れてきて、親しみのある文章になる。二学期になると、家庭のことよりも学校のことが多くなり、授業についての感想も書いてくるようになる。

日記を書くことは(大げさに言えば)、自分の歴史をつづることであり、また、世界のただ一つの物語を書くことでもある。何よりも、大きな宝物になるものと私は信じている。日記指導にことさら力を入れているわけではないし、卒業してからも書き続けなさいと強要するわけでもない。しかし、何かを一年間続けることの苦しさや尊さを体験してもらうのに、日記が一番いいと思っている。

三学期に入ってからは、テーマを自分で考えてから書かせているので、作文の力もついてきたようだ。今日はどんなことを書いているのだろう、と楽しみにしながら読ませてもらっている。

マット運動の倒立前回りをする子ども

朝日新

第3種郵便物認可

とび箱・マット

先生奮闘記

吉川　廣二⑦

繰り返しの中に迫力

美しさ生む真剣な表情

この前の冬休みに、友人と数年前のビデオテープを見ていた。当時私が担任していた子どもたちの「とび箱」と「マット」のテープである。

一人ひとりがていねいに演技し、自分の元の場所へ帰っていく。その繰り返しなのだが、連続して見ていると、何か迫力を感じるのである。たとえ以前のクラスとはいえ、自分でほめるのもおかしいのでだまっていた。そのうち友人が、「これはすごい」と言い出した。ちょっとオーバーな表現ではあったが、私はだまってうなずいていた。

前回り、後ろ回り、三角倒立、とマット運動が続き、その後に開脚とび越し、閉脚とび越し、台上前回り、台上前方転回と、とび箱の演技が続く。スタート、助走、踏み切りといった演技そのものも良かったが、それ以上に、演技を終えて自分の場所へ帰るまでの態度が素晴らしいと思った。（友人に言わせると、演技で失敗した子の方が、さらに美しいそうである）

自分の番がきてスッと立ち、演技をし終わり、自分の場所に帰る。そこに一つの流れを感ずるのである。そのころは当然だと思っていたことだが、今見ると新鮮な感じがする。

とび箱・マット運動は、子どもたちには敬遠されやすいが、やってみると、案外喜んでくれる。こちらも何とかできるように、また美しい演技になるように、と必死になるから指導にも熱が入る。その気迫におされてか、子どもたちも積極的になり、出来るようにもなる。そして何回か重ねていくうちに、美しいものを見せてくれる。特にスタートする時の真剣な表情は、何ともいえず美しい。本当に美しい、としか表現できないのである。

現在の私のクラスでは、一カ前月に、男子が「台上前方転回」、女子が「倒立前回り」に挑戦した。どちらかというとおとなしい男子には、ダイナミックなものを、そして元気いっぱいの女子には、静的でやわらかなものを、という願いから選んだものである。

一人の女子は、「このごろ、男子が変わってきたみたいです。なにか自信のようなものを感じるのです。特にとび箱に向かう男子を見た時、そう思うのです」というようなことを日記に書いていた。女子の倒立前回りの美しさについても、男女を問わず日記に書いている。私にもそう思えるし、そうなってほしかったからこそ、この種目を選んだのである。

家で練習したり、休み時間に友達と一緒に練習したりして、少しでも美しく、大きな技にしようと努力していた。いつか機会があれば、父母の方々にも見ていただきたいと思っている。家では見ることのない一面を、そこに見いだされることと思う。また、見てもらうことで、子どもたちもひと回り大きくなるものと信じている。

台上前方転回をする男子児童

朝日新
第3種郵便物認可

先生奮闘記

三度目の利根川

吉川　廣二⑧

今年の卒業制作は「表現」の録画をして残そう、と三学期の初めから父母の方々と話し合っていた。去年の十一月、籔の上團訪問の折に、バッハの「G線上のアリア」で花の一生の身体表現をし、録画してもらった。

身体表現の構成任す

つらくても張り切って

三学期に入って、今年も「利根川」（斎藤喜博作詞、近藤幹雄作曲）に挑戦することを決め、子供たちに話した。子供たちもそれを待っていたかのようにうなずいた。

今回の「利根川」には、少なからず期待をしている。それは次のような理由からである。①去年の六年生のを一度見ている②五年生の時に「ジョスランの子守唄」を経験しており、子供たちにとって三回目の身体表現である③身体表現が好きな子供が過半数を占めている④本校では、全校で朗読に取り組んでおり、声を出すことにあまり抵抗がない⑤合唱も三学期に入ってから向上している。

「利根川」をつくり上げる子どもたち

私の方は三度目の「利根川」挑戦であるし、これまで十回以上も他の学校のを見てきた。そういうことから、今年は身体表現の構成を思い切って子供たちに任せてみた。もちろん任せ切りではなく、ある程度の下ごしらえと最後の仕上げは私がしていく。朗読、独唱、合唱は私が前面に立って指導していくのは言うまでもない。

「利根川」に巡り合えたことを、私は幸せに思う。取り組む子供たちも同じであると思っている。

二年前の夏休みに、多くの先生方と一緒に「利根川」を合唱し、身体表現もしたことがある。一回通しただけでもすごく体力を使う。最後の合唱部分「人は未来を大きくつくり、川は自然を美しくつくって行く」が終わった時は、だれもがすわり込むほどである。指導する方も、演技をする方も大変であることを知った。今年は何回繰り返すと納得いくものになるだろう。子供たちは、どんなにつらくてもやめようとしない。それだけこの「利根川」は魅力あるものなのだろう。

「利根川は、今より何百年も前は、今の所より十㌔も北の方を流れていたそうだ」の朗読で始まるのだが、この前に八小節ほど前奏がついている。この前奏の時どんな表現をさせるかに、多大なエネルギーを費やす。四年前は、二つのグループが左右から一列で行進し、中央に並んだ。去年は全員が川の流れを表現しながら出てくるようにした。今年は子供たちが考え出したことをもとに、最大の美しさを引き出せるよう、知恵を働かそう。

この前、三時間目の練習をした。二時間ほどの私の指導を受けて自分たちで創（つく）っていた。男子も女子も、思い思いのグループをその場でつくったり、一人で花や鳥を表現したりしていた。この時は四回通したが、一回目はほとんど表現らしいものはなく、二回目で急に動き出し、三回目は担任の私が心を打たれるほどであった。しかし、四回目は疲れ出した。

三月上旬の発表会で、どんな「利根川」を創るかを、今からとても楽しみにしている。

先生奮闘記

教師としての成長

吉川　廣二⑨

合唱する子供たち

先輩や父母から学ぶ

多様な勉強　積み重ねも

教員に採用された年は、正直なところ、何をしていいのかわからなかった。ただ、若さと子供に対する情熱だけは、他の先生方に負けないつもりでいた。しかし、それだけでは子供が動かず、失敗の連続。当時、私の教育についての唯一のたのみは、合奏指導だった。中学生時代に出雲一中の吹奏楽部で、片寄哲夫先生に指導していただき、それ以後も演奏活動を続けていたからである。初めの一年間は、合奏を中心に学級経営をしていたように思う。

そして二年目。この年から、本格的に授業というものを考えるようになった。草野心平の「春」、新美南吉の「ごんぎつね」の授業は、今でも覚えている。松谷みよ子の「おしになった娘」では、子供たちが二十枚近くも感想文を書いた。合唱にも本格的に取り組んだ。社会科で「大梶七兵衛」の研究授業をし、七兵衛の心に迫った。図工では「ぞうきんとバケツ」の写生をさせ、納得のいく作品が出来た。

斎藤喜博という教育実践家を知ったのもこの年だった。授業というものを深く追求し、授業を芸術にまで高めていった教育者であり、アララギ派の歌人でもあった。斎藤先生の本は、全部そろえ、目も通した。全集だけでも全三十巻あり、単行本も数十冊ある。若い仲間には、ぜひとも読んでもらいたいと思う。

翌年は、同僚と二人で勉強会も始めた。授業を中心に、何でも気軽に話し合っていた。今ではこの会も十数人になり、全員が顔を合わすことは難しくなってきた。大原、安来、益田を中心に会を持ち、年に二回全体会を開いている。メンバーは、大学を出たばかりの人から、最年長の私まで平均二十六歳くらいである。合唱のテープ、全員の絵、授業記録、サッカーの指導法、新刊の紹介など、提出物も雑多である。一口で言えば楽しくて、ためになり、ちょっぴり厳しいサークルである。最近の話題の主は、向山洋一という教育実践者である。

私たちのように経験の少ない教員は、このような勉強会のほかに、教育書も多く読まなければならない。教育書に限らず、文学作品、芸術関係（コンサート、レコード、美術展等も含める）の本も必要である。研究会にも多く参加している。そうしなければ、ベテランの先生の足元にも及ばないからである。あふれるほどの若さも少なくなり、ベテランの先生ほどの経験のない者にとって、しなければならないことは山ほどある。

一年目のことを思うと、この七年の間に、随分成長したように思える。教師として、一人の人間として……。しかし、これは自分の力というより、周囲の方々に負うところが大きいことは言うまでもない。これまでに三十数人の先生方と仕事をさせていただいた。三人の校長先生からは、授業、音楽、国語について、それぞれ特色あるご指導をいただいた。ベテランの先生方からは、幅広い教師の仕事について学ばせていただいた。また、父母の皆さまからも、さまざまな考えや生き方を教えてもらった。

これからも、多くの人たちとのふれ合いの中で、教師として、人間として成長したいと願う。

朝日新
第3種郵便物認可

卒業する30名へ

先生奮闘記

吉川　廣二 ⑱

最高に輝く姿みたい

一つの山越へ　さらに努力を

三十名の皆さん、いよいよ明日は卒業式ですね。先生は涙もろい方ですが、式の間は涙を出しません。皆さんが最高に輝く姿を、はっきりと見ておきたいからです。卒業証書を受け取る姿、学級の歌「空」や校歌を歌う姿、そして「一つのこと」の合唱の中を退場していく姿を。

一つのこと
いま終わる一つのこと
いま越える一つの山
風わたる草原
ひびきあう心の歌
桑の海光る雲
人は続き道は続く
遠い道はるかな道
明日のぼる山もみさだめ
いま終わる一つのこと

「この詩は、いま自分たちは、みんなと力をあわせて一つの仕事（学習）をやり終わった。それは、ちょうど一つの山にのぼったようなものである。山の上に立ってみると、草原にはすずしい風が吹いている。そこに立つと、いっしょに登ってきた人たちと、しみじみと心が通い合うのを感じる。そこからみると、はるか遠くに桑畑が海のように見え、雲が美しく光っている。そしていまのぼって来た道を、人がつづいて登ってくるのが見える。自分たちはいま、一つの山を登り終わったが、目の前にはさらに高い山が見えているのだ。こんどはあの山を登るだ、という意味である」

（斎藤喜博「君の可能性」より）

小学校生活のうちで、最も高い山――卒業。でも、ここまでたどりつくのに、この一年間だけでも、いくつかの山がありました。

五年生とがんばった、郡音楽会の練習。「喜びの歌」と「空」を歌いました。まだ五、六年生の心が一つになっていない六月のことでした。でも、本番では全員が一生懸命歌っていました。

十一月の緑の上園訪問。この時は、おじいさんやおばあさんの真剣な態度に圧倒されて、皆さんの顔つきまで変わっていました。本当にいい体験をしました。

そして、三学期に入ってからのいくつかの行事……。

ここまで登ってこれたことを、本当にうれしく思います。でも、これは先生や皆さんだけの力でこれたのではないのです。先生方の温かいご指導や、家族の方々の深い愛情、そして地域の人々のご援助のおかげなのです。これからも、感謝する気持ちを忘れずに生きて下さい。また、卒業してからも、皆さんが今まで以上に努力を続けていくことを、心から願っています。

三十名の皆さん、卒業おめでとう。

（おわり）

共同制作「ペテロ」

あとがき

退職まで、あと三ヶ月となった。本日は、平成二十四年十二月三十一日。

この本を書き始めて、一年経った。開始してすぐに半分書き、その後修正しようと朱書きを入れたが、そのままになった。ようやく、再開する気になった。

その大きな原因は、半分以上書いたから大丈夫という、いつもの怠け癖と安心感。もう一つは、今年担任した学級の子どもたちとの奮闘による、快い（?）疲労感から。

わずか五人なのに、四十人学級以上に疲れる。多ければ大変、という一般論が違うことは、二十年前に経験済み。実は、人数が少ないほうが余計に疲れる。私の経験から言えば、十名以下の場合は子ども同士の関わりが少ないから、教師の役割が多いのである。今回は、わずか五人とは言え、それぞれに個性を持っており、その一人ひとりと対決（?）するから、帰宅してから執筆するエネルギーはなかった。正直に言えば、子どもたちとの闘いではなく、自分自身の弱さとの闘いであった。


冬休みを利用して、やっと校了した。そして、一月十二〜十三日の熱海合宿で「学芸みらい社」青木社長に原稿をお渡しし、ご指導いただいた。

かなり恥ずかしい内容が書いてあるが、「大変面白いです」と言って下さり、ホッとした。

原稿を整理している途中で、七年目に朝日新聞地方版で十回連載したものが見つかり、それを載せたいと思った。「教授学研究の会」から「教育技術の法則化運動」に移行する時期なので、自分にとって重要な記事である。ぜひとも、掲載したいと願った。青木社長は、「いいですよ」と言って下さった。もう一つ、「教授学研究の会」の機関誌「事実と創造」に載った原稿もあったので、それもコピーしたものをお渡しした。

さらには、初めて六年生を担任したときの（幻となった）卒業文集の原稿も出てきたので、一応コピーしていた。

しかし、今回の趣旨とは違うので、お渡ししなかった。

現在進行形の担任を兼ねている教頭の仕事も、将来何らかの形で残しておきたい。それは、今年三月の退職を過ぎてからの課題としたい。


三月二十三日には、「退職記念講座＆祝賀会」を予定している。弟子四名を中心に、ＴＯＳＳ島根の仲間が開いてくれる。せっかくなので、甘えることにした。また、その席には、これまでお世話になった方々を招待し、感謝の気持ちを表す。そして、過去に一緒にバンド活動をしていた、大畑茂樹（Ｇｔ）・世利子（Ｐｆ）夫妻、野津誠（Ｄｒ）氏らの生演奏を、仲間にプレゼントする。うまくいけば、一曲くらい、私のサックス演奏も披露できるかも知れない。そんな夢を見ながら、この本のあとがきを終える。


最後になりましたが、三十数年もの間、私に夢を与えて下さった、師匠向山洋一先生を始め、向山一門の先生方、執筆を手伝ってくれた四人の弟子、ＴＯＳＳ島根の仲間、そして、これまでお世話になった学校の校長先生方、同僚の皆様方に感謝申し上げます。（いつも、私の我が儘を許してくれている妻、利美子にも感謝！）

今回の企画を勧めてくださった、青木誠一郎氏には、特別に感謝します。ありがとうございました。

そして、私に仕事の厳しさを教えて下さった、バンド関係の皆様、珈琲専門店のマスター、ＤＩＹの店でお世話になった皆様にも、この場を借りて感謝申し上げます。

平成二十五年一月十九日　還暦・後厄会の日に

吉川廣二

吉川廣二（きっかわ・こうじ）

昭和27年、島根県出雲市大社町生まれ。同市立第一中学校では吹奏楽部に在籍し、全国優勝を果たす。47年、北九州大学商学部入学。在学中から地元のキャバレーや東京でバンド修業を積む。52年、同学卒業後、珈琲専門店でアルバイトを、またＤＩＹ店では社員として働くなどの経験をした。54年4月、仁多町（現奥出雲町）立亀嵩小学校教諭に採用され、平成25年3月、奥出雲町立高尾小学校教頭を最後に退職。TOSS（教育技術の法則化運動）の向山洋一代表の理念に賛同し、法則化音楽代表、TOSS島根代表を務めた。平成25年3月現在、NPO法人島根教師力向上支援研究会理事長、向山一門顧問、TOSS島根顧問。

〈代表的な編著書〉
「ピアノが弾けなくても合唱指導は出来る」明治図書（1990）
「ピアノが弾けなくてもオペレッタ指導は出来る」明治図書（1991）
「描画の共同制作で学級をまとめる」明治図書（1991）
「苦手な「音楽」がミルミルうまくなる本」ＰＨＰ研究所（1997）
「苦手な教師のための音楽指導のコツ」明治図書（1997）
「音楽指導10のポイント」明治図書（1997）
「ギターで作る音楽授業のヒント」明治図書（1997）
「音楽の素人からの授業への挑戦――法則化音楽のめざすもの」明治図書（1998）
「音楽の授業で〝楽しい作曲遊び〟」明治図書（1998）
「一本の指から始める吉川式ピアノ伴奏法」明治図書（1998）
「これから始める教師のための吉川式指揮法入門」明治図書（1998）
「音楽の授業・騒乱状態の克服法50のアイデア」明治図書（1998）
「楽しい音楽鑑賞授業のアイデア」明治図書（1998）
「音楽の新しい授業づくり入門」明治図書（1999）
「勉強ができない子の指導法　低・中・高学年・中学校」明治図書（2004）
「子どもと演奏　バンド指導の上達法」明治図書（2004）
「到達目標に達しない子への支援策1・2年、3・4年、5・6年編」明治図書（2005）
「学級開き・授業開きチェックシート　小学校低・中・高学年」明治図書（2006）
「教師修業で「生き方」を学ぶ」明治図書（2007）
「参観授業づくりの準備　チェックポイント」明治図書（2007）
「大きな声で立派に歌う〝クラス合唱〟――小学担任が振る魔法のタクト」明治図書（2011）

バンドマン修業《しゆぎよう》で学《まな》んだプロ教師《きようし》への道《みち》

2013年4月1日　初版発行

著　者　吉川《きつかわ》廣二《こうじ》
発行者　青木誠一郎
発行所　株式会社 学芸みらい社
〒162-0833 東京都新宿区箪笥町43番 新神楽坂ビル
電話番号 03-5227-1266
http://www.gakugeimirai.com/
E-mail:info@gakugeimirai.com
印刷所・製本所　藤原印刷株式会社
装　丁　戸塚泰雄

ISBN978-4-905374-20-6　C0037